［俳句とエッセー］

ヨットと横顔

ふけとしこ

創風社出版

俳句とエッセー　ヨットと横顔

目次

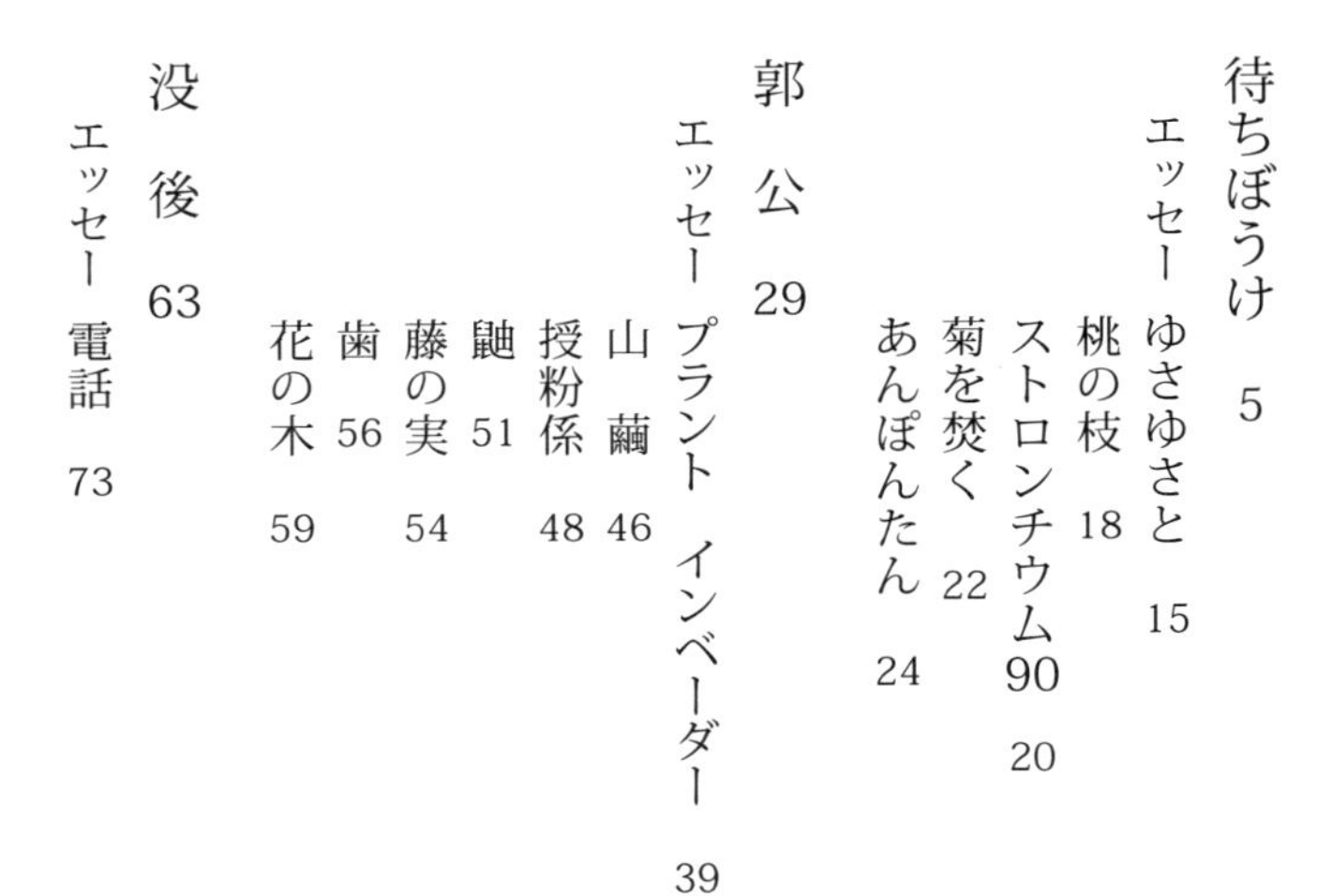

待ちぼうけ

春風やまだ草笛になれぬ草

けものらに春くる夜は鼻の濡れ

太陽にフレアー鷽(うそ)に桜の芽

黒豹に黒き豹紋下萌ゆる

「船団」変身特集　スチームアイロンになる
椿が赤いぼくが火傷をさせたんだ

雀来て鳩来てバレンタインの日

棕櫚の木の肩の太きに鳥の恋
獺（かわうそ）のまつりか笹の葉の零れ
待ちぼうけなら山吹の土手がいい

ブランコに片足かけてベニインコ
寝足りても熱の下がらずヒヤシンス
土筆煮て人に寝嵩といへるもの

舌といふ隠れ上手を桃の花

つばくろを待つや埴輪が腕上げて

鶏の蹴爪を濡らす蓬かな

山椒の花の黄緑ほど意地悪

言い忘れしことばのやうに幹に花

溜池が光る地獄の釜の蓋

ミミナグサなら笑い声好きなはず

春昼を鼻梁するどき人とゐる

飛鳥野のこれは見事な葱坊主

げんげんやあつちにこつちに元気な虫
呑みませう紫雲英が莢になるまでを
野遊びのどこかで棘を掻き傷を

惜春や匂ひさうなる石の肌理（きめ）

ゆさゆさと

菫の葉が齧られている。

幾種類かの菫が勝手に生えているのだが、それぞれが種を飛ばすものだからその辺にびっしりということになる。その菫の葉がことごとく中心の葉脈を残すだけの哀れな姿をさらしている。今まで菫を食草にするものはいなかったのだが、気が付くと毛虫がいる。初めてみる虫だ。朱赤と黒のツートンカラー、何とも派手な色をしている。その色から連想してアカタテハの幼虫かと思ったがこれは外れ。どうやらツマグロヒョウモンの幼虫のようだ。

見ていると彼らは実に忙しい。とにかく食べる。蚕食とは本当によく言ったものだ。食べまくって骨（葉柄）だけになると、地へ下りて這い回る。菫へぶつかると登って行ってムシャムシャ。そのうちに蛹になり成虫になって飛んで行った。蝶になれば綺麗だし可愛くもある。

それもあって、まあいいか、と放任している。紫蘇に来るのはシジミチョウ？青紫蘇は使いたいから食べないで欲しいと思うのだが、いつの間にやら食べられている。柚子や山椒育ちの揚羽が羽化して行くのは例年のことで、揚羽蝶がキュッとお尻を曲げて産卵するのを見るとなんとなく安堵したりもする。

もう二十年以上も前になるが、こんな句ができたことがあった。


まるまるとゆさゆさとゐて毛虫かな　　としこ

お陰で第九回俳壇賞を戴くことになり、「毛虫のふけ」とのあだ名を頂戴することになったのだったのだから、毛虫には大きな恩がある。

この時の選考委員の一人が坪内稔典氏であった。

このモデルの毛虫はモサモサの茶色。毛が長くて立派。よく見かけるヤツだ。多分、スジモンヒトリの幼虫だろう。

今まで出会った毛虫の中で一番立派なのは白髪太郎だ。名の通り白くて長い毛、しかも絹の光沢！　これこそゆさゆさである。調べたらクスサン（楠蚕）の幼虫だった。大体、太郎という名を貰っているものは、大きいとか、強い、立派との形容に値するものであろう。クスサンも大形の蛾で、灯りに来るとびっくりするほど大きい。繭は蚕のそれのように綺麗ではなく、透けたもので、それでもテグスの材料になったという。テグスとは漢字で書けばずばり天蚕糸。もっとも今テグスと呼んでいる物は化学繊維であるが。

先述のスジモンヒトリも共に毒を持ってはいないらしいが、触ってみたことがあるのは白髪太郎だけである。あまりの美しさに触らずにはいられなかったのだ。

桃の枝

好きなものに箸置がある。小物ゆえに自由に遊べる楽しさがある。器の店などに寄るとすぐに手に取りたくなる。多くの場合、見るだけで元へ戻して終るのだけれど。

で、今愛用しているのが手作りの品。陶芸教室へ通っていた頃の物もあるが、それよりも気に入っているのが小枝。手作りというのもおこがましい。

ある時、桃の花を捨てようとして、その枝がふと気になった。改めてその艶を綺麗だと感じたのである。捨てるには惜しい。そこで、悪戯心を出して斜めに切った。よし、これなら使える。箸置にすると面白いはず、と。

何しろ本人が気に入ったのだ。文句はない。綺麗に洗って乾かした。乾くと細かい縦皺が出てきたがそれも味わい。塗り箸を置いてみると結構いい。

一つ成功すると次の物を試してみたくなる。月桂樹なら匂いもあっていいのではないだろうかと、実家の庭から切ってきたが、これは失敗だった。感じがあまりよろしくない、というより、樹皮が黒くて艶も無いものだから、味わいどころか、薄汚い感じが強いのだ。同じ香りの物でも、黒文字などのように、昔から使われてきた物にはそれなりの訳があるのだと思い知った。

それでも、桃の枝ですっかり気分をよくしているものだから、剪定で落とされた枝を見かけたりすると、この枝どうかしら？ と考えてしまう。

ついでにいえば、奄美大島の海岸で拾ってきた珊瑚のかけら。大きさも手ごろなのを拾って来たから、夏にはこれもよく使う。沖縄出身の人がやっている店へ行ったとき、白い珊瑚のかけらが箸置きに使われていたのはちょっと嬉しかった。

ストロンチウム90

かつて大気圏内核実験に由来するストロンチウム90による被曝状況を知るために、脱落乳歯を集めて調査することが呼びかけられたそうだ。日本でも一九六二〜七六年の間に十三万本余を集めたという。ビキニ水爆実験（一九五四）以降生まれの子どもの乳歯から漸次増加、最も多くの実験があった一九六四年生まれの子どもの乳歯でストロンチウム90濃度がピークを示したという。日本での収集や分析は一九七六年に打ち切られたようだが、スイス等続けている国もあり、チェルノブイリ原発事故に起因する数値の上昇が記録されているとか。

日本歯科医師会の機関紙によると、先の東日本大震災、それに伴う原発事故による、福島県双葉郡の立入禁止地区で、安楽死させた牛や、野生鼠の歯を試料として分析したチームがあり、歯の硬組織石灰化過程でストロンチウム90の取り込みがなされていることを特定。内部被曝によると思われる放射性物質の高濃度蓄積が見られたとのことである。

　研究資料と考えれば、抜けた歯も大事な物だ。骨は代謝による成分変化が起きるが、歯は一度取り込んだ物質を放すことはないといわれている。後世に何かを伝えられるだろう。

　それにしても、何故日本は乳歯の収集や保存を止めてしまったのだろう。

　乳歯といえば、永久歯へと生え変わってゆくもの。つまり、抜け落ちた歯はもう必要のないものである。私がそんな経験をした頃は下の歯は上へ、例えば屋根へ投げて、上の歯は下へ投げて「鼠の歯と換えてくれ～」と唱えれば、丈夫な永久歯が生えてくると言われていたものだ。地方によって異なるだろうが、似たようなことをしていただろうと思われる。

　今の子どもたちはどうしているのだろう。屋根のある家に住む子ばかりではないし、親が大事に集めて置いているケースもあるだろうし、歯科医の手で抜かれたものは、もう要らないといえば廃棄処分に回されたりしているのだろう。

　抜けた歯を入れる専用の容器、というものまである昨今でもある。

　しかも、それはご丁寧にも歯の形をしているのである。

菊を焚く

菊を燃やしてみたくて小菊を植えたことがあった。

季語にも「菊焚く」とあることだ。

ところが当時はマンション住まい。いくらテラスが広くても焚火はできない。そこで小振りな甕の中で燃やした。煙が立たぬように少しずつ少しずつ……それは細々と燃えながらもいい匂いを放ってくれた。

ああ、本当にいい匂い……と気分をよくしていたら、ピッ！　と、細いが鋭い音がした。そう、甕に罅が入ったのである。燃やしてみたいという気持が先走っていて、プランターの土の上で、などということは思い付かなかったらしい。らしい、とはまるで他人事のようだが、実際そうだったのだ。

甕は骨董屋の店先に置かれていた安物ではあったけれど、それでも罅割れたとあっては惜しい。

ああ、アホだった！

菊にしても花屋で買ったものを完全に枯らせば、燃える時にはきっと同じ匂いがしただろう。

あんぽんたん

春の風るんるんけんけんあんぽんたん　　坪内稔典

動詞がない！　この句からどんな絵や映像が見えるかは人それぞれだろうが、句から溢れ出す動き、弾み出す動きはどうにも止められないはずだ。第一この句に意味などはなく、春風の中に身を置く楽しさを共有できればそれで十分なのだ。それにしても、再び言うが、この句には動詞がない。動詞はないが動きはある。これはもしかしたら俳句の理想の形なのではないか。

金屏風何とすばやくたたむこと　　飯島晴子

宴会場だろうか。あまりの手際のよさに半ば呆れて、視線を外せないでいる作者が見える。「たたむ」の動詞が気持まで畳み掛けてくる。「すばやく」の形容詞の働きもあってのことだ。この句に関しては形容詞も動詞も絶対に必要である。

キャンプ張る手に乗るほどの火を育て　　としこ

自作だが動詞が三つもある。

「動詞が三つあることを差し置いても、臨場感があっていい」とは発表後の評で頂いた言葉。その指摘があるまで迂闊にも自分では全く気付いていなかった。発表後ではあったが推敲を試みた。例えば上五を「キャンプの夜」とすれば一つ減る。中七を「掌ほどの」とすれば、さらに一つ減らせる。では「キャンプの夜掌ほどの火を育て」という仕立てにすればどうなるか。経過した時間が出るように思う。すると、もう「育て」ではなくなる。言うとすれば「守る」だろうか。

「キャンプの夜掌ほどの火を守り」なるほど、そういうこともあるだろう。

でも、今からキャンプ！　ではなく、もう夕食も終り、ゲームにも飽き、そろそろ眠い人が出始めた頃の気分になってしまうのではないか。現場でのワイワイ感やいそいそ気分は消えてしまい、火を見つめている静けさのような感じになるのではなかろうか。それでは、私が最初に頭に描いた絵とはかけ離れてしまう。推敲し、句の姿が整えば整うほど、初案の勢いが消えてゆく、ということでもあろう。

結局、そのままにしてしまった。

今の俳句、特に「船団」では本当に何でもありでどんどん散文化しているようにも思えるが、私が始めた頃の先輩達は動詞、形容詞については容赦なかった。動詞は無くていいぐらいで、使うなら一句に一つ、多くても二つ。三つになったらそれは俳句ではない。動詞は俳句を腐らせるだけだと叩き込まれたものだった。

だが、動きがほしい。相手に届く動きが。だから「春の風るんるんけんけんあんぽんたん」の、動詞が無いのに動きがある、この不思議さが羨ましくもあるのだ。

三月の甘納豆のうふふふふ　　稔典

においても然り。何が「うふふふ」なのか分からないし、これが俳句？　と思ったりもしたが、読めば気持のどこかがウズウズとして頬が緩んでくる。甘納豆が動くのではなくて、読者の気持が動いてしまうのである。こんな甘納豆となら遊んでもいいな、という気分にさせられる。勿論「三月」の効果もあってのことだ。

木耳（きくらげ）に雨ありあまるありあまる　　としこ

雨の日の山での作。「ありあまりありありあまり」にするべきだと言われた。従わなかった。この場合、活用形が云々という前に「る」の音とこの字の愛らしさを、木耳のぷるぷると濡れている様に被せたかったのだ。丸っこい字の重なりがいっそう雨粒の連続を思わせるという、勝手な思い込みに過ぎないのではあるが。経緯と出来はともかく、この句は動詞によってできているとしか言い様がない。

宿題が俳句と動詞、自作を元に考えよ、ということなので、考えているのだが、そもそも動詞って何？「広辞苑」に曰く「事物の動作・作用・状態・存在などを時間的に持続し、また時間的に変化して行くものとしてとらえて表現する語」と。何とも難しいが、平たく言えば、読んで字のごとく、物あるいは事の動きを表わす言葉と思っていいはずだ。

——私は父が自分の作った句の良し悪しを母に聞かなければ、父はもっと俳人として伸びることができたと思っている。父は自分の俳句と正面から渡り合う努力が足りなかった。——ねじめ正一「俳句の家①」(船団91号)

父とは俳人ねじめ正也氏であるが、このくだりに膝を打った。そうなのだ。結局は自分との対峙なのだ。自分が選ぶ言葉なのだ。それが十分に働いてくれれば、動詞だろうと形容詞だろうと、句を腐らせることはないのだ。

俳句は言葉でできるもの。対象を如何に納得できる言葉に置き換えることができるか、にかかっているのだ。安易な妥協をせず、耐えて自分の言葉を待つ姿勢に。

郭公

夏が来るダンガリーシャツの肩よりくる

茄子苗を配る算段らし長靴

新緑が囲む鼓膜の凹みくる

こめかみのずきんずきんと緋の牡丹
アリクイの鼻が痒さう楠若葉
椎の花ジガバチが腹擦りながら

 郭公

八橋の朝生臭き蛇の衣

「船団初夏の集い」カタカナのものを詠む

ほら郭公ペッパーミルの手を止めて

昼顔の花が遊んでゆけといふ

昼顔の放つ電流ならば受く

遠く見るものにヨットと横顔と

用あらば告げよ土用の草の絮

　郭　公

父は中有(ちゅうう)に土用芽の赤く立ち

もしや父の匂ひだつたか草いきれ

降つてくる病葉しぐれといふほどに

島泊り守宮が髪へ落ちてきて
蚊の声の離れてくれぬ島唄も
油照り我に二つの耳の穴

 郭　公

ブリキのバケツブリキのジョウロかたつむり

前を行く皆さん北に虹ですよ

列島の黒ずんできし平家蟹

反り返るものにあなたとトマトの蔕（へた）
かなぶんぶん東京土産の箱が空き
萍の陣や背鰭に割り込まれ

　郭　公

ぎぎと鳴きさう鳥揚羽の毛深きは

プラント　インベーダー

何かの間違いでしょ、ということが間々起きる。大きなことから小さなことまで。大きなことは専門家や評論家に任せておけるが、あまりにも小さなことは自分で解決しなければならない。

例えば、植木鉢に生えてきたもの。これを抜くか、観察するか、育てるか、といった問題。馬鹿々々しいほどのことなのだが。見極めておくのも結構大事なのである、と、自分では思っている。

ある年のこと、植木鉢に草の芽が出た。イネ科だと見当はついたがさて？　何であるか分かるまで置くことにした。

とんでもないものだった。

メリケンカルカヤだったのだ。

慌てて抜いた。可哀そうではあるが、多年草でどんどん株を張ってしまう。根の強さも半端ではない。穂を出せば無数の種が舞い上がる。どこにどう増えてゆくか予想もつかないのだ。繁殖力は呆れるほど旺盛だから、我家へ到達したものも何処かからやってきたのだ。家の近くには見当たらないが、何しろ風に乗る物だ。空中を旅した末に着地したのだろう。

メリケンの名が示す通り外来種である。戦後に愛知県で発見されたのが最初だという。北米原産だというから米軍関連の物に種が付いてきたものだろうが、当時はまだ珍しかっただろう。

私が最初に植物図鑑を手にしたのは小学二年生の夏休み、父からのプレゼントだった。それにはオガルカヤ（雄刈萱）とメガルカヤ（雌刈萱）しか載っていなかった。昭和二十八年のことだ。それが三十年、四十年と経つ間に刈萱といえばこちらを指すような状況になってしまった。関東以北へはまだ侵入していないようなのだが、温暖化が進むこの頃、北へ勢力を拡げても不思議はない。

鉄道沿線、道路の法面などには、これとセイタカアワダチソウ（背高泡立草）の混生がよく見られる。メリケンカルカヤと鮮やかな黄色の花を掲げる背高泡立草。目を引く景色であるが、この草もまた帰化種である。三、四十年前、わっと広がった頃には日本の野原が変わってしまう、芒が浸食されてしまう、と問題にされもした。

実際、太く逞しく二メートルにも及ぶ茎に憎々しい程の花を付け、地下茎と種子との両方で増えてゆく様は恐ろしいほどであった。が、自然淘汰が始まり、というか、あまりにも攻撃力が強すぎて自身にまで及び、広がることができなくなった。つまり、我が身大事と、繁殖のために根から毒素を出し（アレロパシーというとか）他の植物を排斥し続けた結果、自分の根の成長をも阻害してしまう結果となったらしい。草丈も勢力も落ち着いてくると話題に上ることも減ってきた。

関西の某遊園地、経営悪化により閉園されて放置されること八年余。今や完全なる廃墟。ある時テレビに大写しになった。木々は伸び放題、蔓は絡み放題、敷石のある辺りの脇や隙間にはこの草達がぼうぼうと、まさに繁殖の限りを尽くしている有様だった。

彼らに限ったことではない。

私の愛用の一冊に『日本帰化植物写真図鑑』（全国農村教育協会版・二〇〇一年発行）があるが、副題に「Plant invader 600」とある。つまりインベーダーなのだ。現に最近では帰化と言わず「侵略植物」とはっきり言われることも多い。全国農村教育協会が出版し、種子や幼苗の写真もよく解るように載せてあるということは、早期に退治せよということに他ならない。耕作地へは入れるなということである。

この図鑑によると年間三十以上の帰化種が新たに発見され続けているという。野や畦や休耕田などを見渡して、秋から冬へ、つまり、実を付け、枯れてゆく姿の草達にふと違和感を覚えることがある。緑一色の時より分かりやすいこともあってのことだ。近づくと知らない物だ。

さらにしゃがんだり、根本を掻き分けたりすると、初めて見る物が立っていたり、這っていたりする。知らないということが口惜しくて、せめて名前だけでも知りたいと足掻くのが私の悪癖。やっと名を探し当てると、外来種であることが多い。

やどりせむ藜の杖になる日まで　　芭蕉

「アカザの杖」というのが売られているのを先年見かけた。持ってみるととても軽い。藜の杖か……今もあるのだと思い、芭蕉の世へ思いを馳せたりもした。若葉を食用に、茎を杖にするのが古来よりの藜のイメージであるというが、ふと気になって調べてみた。予想通りであった。ホコガタアカザ・ミナトアカザ・ウスバアカザ・ウラジロアカザなどが帰化種として認定されているのだった。

藜は江戸時代に中国からもたらされた中の一つらしいが、こちらの諸々はヨーロッパから近年入って来たもの。藜の近縁種だが決して同じものではない。一事が万事。在来種に似ていると思っても「アレチ」「ヒメ」「オランダ」「メリケン」「アメリカ」「ケ」「トゲ」「ニセ」「オニ」などが名の上についていれば、或いは下に「モドキ」がついているようなら、まずは帰化種と見ていい。

幸か不幸か日本は島国。渡り鳥や海流によって運ばれた物もあっただろうが、それでも、植物の移動手段は少なかったはず。主に中国から、薬用、食用として到来の植物は大切に管理されていただろう。

時代は移り、今や植物の移動を助けているとして一番に挙げられるのが輸入の家畜飼料である。混入した様々な草の種子が原因だというが、自然に紛れ込んだとばかりも言い切れないらしい。重量調整のために倉庫内の屑やごみが入れられることもあり、そこには何の種子が混じっているか分かったものではない。それもあるが、近年の人や物の移動の様を見ているとさもありなん、と頷くしかない。

旅に病んで夢は枯野をかけめぐる　　芭蕉
遠山に日の当たりたる枯野かな　　虚子

この頃の野にはどんな草が生えていたのだろう、枯野というが、実際にはどんな草が枯れていたのだろう？　芭蕉の時代と虚子の時代では、地域性はあっても植生自体にそう変化は無かったのではないだろうか。

そこから今の時代へとなると、それは想像を絶する変り方であろう。変遷は常としてもあまりにも多様になり過ぎ、新天地を得た彼ら、つまりインベーダー達はのさばりすぎてしまった。それが現況だ。

メリケン刈萱に目を戻すと、金茶色に輝いていた日を忘れたように、白茶けて時雨に打たれている。冬の景色のひとつとして、すっかりこの国に馴染んでしまったようにも見えてくる。

山繭

ある時、「草を知る会」の仲間と山道を歩いていて、一部壊れた古い山繭を見つけた。同行の一人が欲しいというので渡した。数日後「一寸法師の足拭きマットが出来ました！」とメールが来た。

後日実物を見せられた。

聞けば湯に浸して糸として引き出し、小さな織機を作って織ってみたとのこと。一寸法師の足拭きマットとはよくも言ったと感心したり、ニヤリとしてみたり。でも、本当に一寸法師にこれを渡したら、彼はくるまってすやすやと眠るのではなかろうか。ああ、この肌触り最高、なんて。

糸がとれることは知っていたが、実行したことはなかった。いや、してみようという気さえ起こさなかったというのが正直なところなのだ。本当に絹の手触り、艶があり美しい。

この時の繭はクリーム色の楕円形の物。私が綺麗！　と感激して見上げるのは若草色の上部が引っ張ったように尖っている物。もう成虫になって出ているから、空のまま枝に付いていたり、たまに地面に落ちていることもある。その形からツリカマスと呼ばれる。この繭から糸をとれば、さぞかし美しい色の織物ができるだろうと思って調べたら、何と、糸にはならないのだそうな。ちなみに成虫はウスタビガという蛾になる。哀れというか、はかないというか、口は退化して、物を食べることはできないのだとか。交尾して卵を産んだら死ぬのだそうだ。相手が見つからず交尾もせず、卵も産まず、という個体もいるのだろうか。

私は蛾の生態など全く知らない。せいぜい名前を一つ知ったとか、分かったとか言って喜んでいるにすぎない。

授粉係

今年の冬至は南瓜のスープにしよう。屋上で作った南瓜で。今年の収穫は八個。去年は三個だったから上々というべきか。

しかし、植えてみて初めて分かったのだが、雄花と雌花の息が合わないことといったらなかった。この街中では虫の訪問もあまり期待できないから、授粉係を買って出たが……。

畑に作られている南瓜を見ると、いつも花が咲いているように見えるが、あれは数が多いからそう見えるだけで、実際には一日花、それも午前中しか開いていない。授粉係もその時間帯を逃すわけにはゆかないのである。八時半が一番いい時間帯と聞くと、朝から出かけねばならない日など、そわそわしてしまう。

明日は咲きそう、という雌花が見えたら、雄花も咲きますように、と祈る気持。雄花が無くて枯れたり、授粉させたつもりでいても、未熟なままで落ちたり、なかなかすんなりとは成長できないものだ。末成りの一つは雌花の開花時に雄花が咲かず、前日の萎れた花をこじ開けて雄蕊をちぎり無理矢理に授粉させた。こんなことしてごめんね、と謝りつつ。

半ば以上諦めていたが少しずつ大きくなった。そうなのか！　萎れた花でも、花粉はまだ元気だったのだ。

この南瓜はバターナッツカボチャという。瓢箪型でベージュ色の変な南瓜だが、クリームスープにすると抜群に美味しい。病みつきになったから、また来年も作ると決めて種を採った。

実はこの南瓜、苗が沢山出来過ぎたので、欲しいという知人に分けてあった。「失敗した」との報告があった。言い添えなかった私も悪かったのだが、彼女は一番元気な苗を残して、あとは処分したそうだ。「五本も六本も南瓜ばかり育てるわけにはゆかないもの」が、その言い分であるが、一株に咲く花数は限られる。前述の通り雌雄の花の咲くタイミングもあって、最低でも三株は必要ではないだろうか。

単に花を咲かせて愛でるだけと違って、実を生らせるのは難しい。

植物園などでは「緑の相談室」のようなイベントが開催されている。一度覗いてみようかしら。

鼬

鼬（いたち）が死んだ。車にはねられたのだ。時々顔を見せていたから、こんな街中で暮らして大丈夫なのかなと多少の心配はしていたのだが、きっと車道の横断に失敗したのだ。

毎朝六時頃家の前の歩道を掃除する。我が家は、南は道頓堀川に面し、北側は御堂筋へ抜ける東西の道に面している。

いつもまず東へ向かって掃いて行き、四つ角で返して西へ向かって掃いて戻る。ゴミが多い。通行人のマナーがとにかく悪い。自動販売機が三か所。駐車場が四か所。その辺りが特に汚い。いや、ゴミの話ではない。

東へ行く時には無かったものが、家の前まで戻った時にあったのだ。車道に横たわる茶色い物。猫？　それにしては尻尾が大きく太い。鼬だ。取り敢えず、歩道に移さなければ、次の車に轢かれてしまう。

ぐんにゃりと温かい。

きれいに見えていたが動かすと血溜りができていた。

右側頭部に傷がある。一撃が致命傷、即死だったようだ。かわいそうに……最後っ屁を放つ暇もなかっただろう。取りあえず、ガレージへビニールと新聞紙を敷き、その上へ置いた。道路に溜まった血を水で流しながら、仲間がいるのだろうかと考えた。

さて、どうしたものだろう。

飼い猫の「ガリ」が死んだときは、実家へ連れて行って柿の木の下へ埋めさせてもらった。当時、まだ元気だった父が哀れがって、石に猫塚と彫って置いてくれた。

「ホタル」が死んだときは業者に依頼して火葬にして貰った。小さな骨壺に入って帰って来た。後日「ガリ」と並べて埋めた。

だが、今回は鼬である。埋めてやるところもない。市の広報誌などに処分方法について書かれていることがあるのだが、普段は気に留めていないから、こういう時には途方にくれる。

九時になるのを待って市役所へ電話したら、さらなる連絡先を教えてくれ、引き取りにきてくれることになった。

その後鼬を見ることはない。

藤の実

机の上に藤の種が四つ。去年の物だ。豆に違いないのだけれど、見事に扁平。表面にかすかな皺。焦げ茶色で鈍い艶がある。気に入って時々触ってみる。藤豆の莢が弾ける時は、何事か、というような大きな音を立てる。それを聞きたいものだから時折熟れている莢をちぎってくる。

何日か日向へ置いておくと、パーンッ！　というわけ。とんでもない処まで飛んでいくから探すのが一苦労なのだが。植えて発芽実験しようか、このまま置いておこうかと悩んでいた。穴を二つ開けて釦にするのはどうだろう？　錐で穴を開けてみた。確かに面白い。

ヘンリーネックの胸元とか民芸調の生地とかには似合うのではないか……とそこまではよかったが、はたと気づいた。こりゃ、虫がつくわ！　と。何しろ豆なのだから。しかも穴まで開けてもらったら食べやすいことこの上ないだろう。この艶を損なわないように、虫の歯が立たないように処理する方法があるかしら。ニスとかアクリルとか考えてみたけれど、へんに艶が出過ぎてもつまらない。洗濯の際の心配もある。毎回取り外すのは面倒だし、かといって付けたまま洗えばふやけてしまうだろう。

結局のところ、一番小さいブックエンドにボンドで貼り付けて滑り止めとし、携帯電話のスタンドになった。

歯

義歯洗浄剤、義歯安定剤のＣＭが嫌いだ。特に安定剤のわざとらしい食べ物、食べ方は見ているだけで気分が悪くなる。

ある句会で「雇ひ歯」という句が出されたことがあった。苦心の造語だったかも知れないが、嫌だった。

またある時、当日は吟行だったのだが、自分の義歯のことばかりを話す人があった。顔中の筋肉を使って具合がいいの、悪いのと説明が続いて、心底厭になった。

歯にも義歯にも罪はないのだけれど。初対面でこういうことばかり聞かされると、次の機会というのは敬遠したくなる。

花げしのふはつくやうな前歯かな　　一茶

よほど、ぐらぐらの前歯なのだろう。さぞ不自由なことであろう。いっそ抜けてしまった方がかえって楽かもしれない。この句一茶が五十歳の時の作だとか。しかし、花げしに例えるとは、どんなおじさん？　とちょっと覗いてみたくなる。五十一歳になると

すりこ木のやうな歯茎も花の春　　　　一茶

と、こういうことになっている。ぐらぐら、ふわふわしていた前歯が抜けて、歯茎だけで物を食べることにも慣れてきたのであろう。江戸時代、木製の義歯があったと伝わるが、大方は抜けたままにしていたのだろうし。

私が歯の俳句に興味を持つようになったのは

衰や歯に喰あてし海苔の砂　　　　芭蕉

この一句を知ったときからであった。以後、気になる歯の句を集めているのだ

が……。

戦死せり三十二枚の歯をそろへ　　藤木清子

八月になると思い出す一句である。無季の句故決めることはできないのだが、私にとっては八月の句なのだ。広島・長崎・敗戦の日と続くからかも知れない。第三大臼歯（親知らず）まで全部揃えば成人の歯は三十二本（枚と言った頃もあった）、それが一本も欠けていないということは、それを受ける骨格もしっかりしていただろうと想像させる。そして若者であったことも確かだ。何故、この健康な若者が死なねばならなかったか？　戦争に駆り出されたからに他ならない。あたら若い命を、何と無残なことよ、との思いが背後にはある。

生まれた者は必ず死ぬ、それは解っているが、如何にも口惜しいという死に方は無いに超したことはない。

今、第三大臼歯の無い人が増え、顎の発達も悪く、咀嚼力が落ちているといわれる。食物に柔らかさを求め過ぎた結果でもあろうが、これもまた問題に違いない。

花の木

花の木のまわりから
煙があがる。
まっすぐに立ち
横に流れる。

霞のよう
靄のよう。
人の息のよう
人の息ではない。

安水稔和の「花の木のまわりから」という詩の一部。

こんな詩を読めば、いったいどんな木なのだろう、と思う。「煙」「霞」「靄」「人の息」とあえかな言葉の重なりはまるで夢のように私を誘う。

この木に会いたい……と。

ハナノキの名を知ったのは広辞苑であった。

楓の花のことを俳句では花楓ともいう。そのこととの何かが気になったのだ。大根の花を花大根ともいうが、花大根とは諸葛菜のことでもある。無論二つは異なるものだ。韮の花を花韮という。ハナニラという全く別の草花も存在する。そんな例があるから、ふっと心配になって辞書に当たってみたのだ。

はなかえで【花楓】ハナノキの別称。

と載っている。

ここで初めてハナノキの名前を知ることになったのだった。改めて「はなのき」を引くと

はなのき【花の木】①花の咲く木。竹取「世の中になき―ども立てり」②カエデ科の落葉高木。（略）春、葉に先立てて濃紅色の小美花を総状花序に密生、木全体が赤く見える。（略）はなかえで。③シキミの異称。

とある。

①はかぐや姫に「蓬莱の玉の枝」を採って来るように請われる車持皇子の話に出てくる言葉。この世の物とも思えない美しい花をつけている木、の意味だろうから、ここでは無視しよう。

③は私の故郷でも樒のことをシキミとはいわずハナノキと呼んで、墓や仏壇に供えていたから、文句なく納得できた。

残るは②である。やはり「はなかえで」と呼ぶらしい。そして、葉よりも早く、他の木々の花や葉よりも早く咲くところから、さらに濃紅色の小花が煙ったように彩るところから、このように呼ばれるようになったものだと思われる。

京都府立植物園へ時々行く。

吟行だったり、草木の探訪会だったりするのだが、とても広いから一度には回れない。それに何となくコースが決まってしまうこともあり、この植物園にハナノキがあることを長い間知らないままだった。知ってから日が浅いせいもあるが、木の存在が分かっても、花の時期に上手く行き合うことができるかどうかは、なかなか難しい。

そして今年、幸運にも満開の時期に行き合わすことができた。赤くけぶっているような大きな木は、すぐに目についた。傍まで行き、見上げたまましばらくはそこを離れることができなかった。

安水の詩は滋賀県の花沢村という所の国指定（大正年間）の天然記念物のハナノキを詠ったものだ。今は合併に継ぐ合併で東近江市南花沢、北花沢という地名に変っている。

聖徳太子が昼食に使った箸を一本ずつ地面に挿した物が根付いて、南と北、二本のハナノキになったとの伝承があると麗々しく書かれていた。樹齢は三百年以上、千五百年だとの説もあるそうだ。

見に行こうという人との約束が、なかなか果たせないことにしびれを切らして一人で見に行ったが、あまりにも古木で恐ろしくなり、早々にその場を離れた。

その後、あちこちにあることが分かってきた。多くはまだ若い木である。

没後

菱の根のまがまがしくも水の澄み

澄む秋の木霊の出でてゆきし樹か

小鳥くる大阪一の低い山

指開く蜥蜴へ秋の照り返し

老いてゆく庭にカンナが殖えるから

色鳥や松葉引き合ふ遊びして

咲き上る花のむらさき昼の月

青栗をつつくに杖といふ便利

星が飛ぶ人に没後といふ時間

青北風やどうしても手で裂けぬ紙

風船をキュキュと捻つて花野かな

いい風のくるころほひの芋の露

生家とは熟れ放題の柿榠樝(かりん)
澄む砂にあめんぼの影泡の影
葛の花顔を濡らしたまま歩き

鉛筆はｕｎｉの６Ｂ稲雀

零余子（むかご）落つ人の名呟けるやうに

渇きゐる木の実いろいろ見し後を

露舐める足長蜂の美しき

初嵐酒にかぼすを搾り込み

波消しに消えぬ波あり月高し

後ろより杖の音くる音十三夜

とろろろと暈る蜂蜜雁のころ

マンボウの腸を炙つて新走り

啄木鳥の落とす木屑か新しき

創風社出版 出版案内

2025. 2 現 在
価格は総額表示
（本体価格＋税 10％）

〒791-8068 愛媛県松山市みどりヶ丘 9-8
TEL. 089-953-3153 FAX. 089-953-3103 郵振 01630-7-14660
http://www.soufusha.jp/

☆ 話題の新刊 ① ☆☆☆☆☆☆☆☆☆☆☆☆☆

モーロク日和　坪内稔典 著

「がんばるわなんて言うなよ草の花」 ― がんばらないで草の花のように風に気ままに揺れていたい。そう願いモーロク人生を目指すネンテンさんの日々はいつもよいお日和。あなたもいっしょにほっこりと！　1430 円

北原白秋私論　山本亜紀子 著

白秋がこの世を去って 80 年あまりの歳月が過ぎた。本書は白秋の詩歌がこれからも読まれ、歌われ、愛され続けることを願い、編まれた。各作品の魅力の源泉を探り、白秋の奏でる優しい世界を紹介する。　1980 円

ここ、そこ、あそこ ―あなたに出会った鳥、出会う鳥―　泉原 猛 著

野鳥と遊び自然と親しんできた少年は野鳥のいる暮らしを楽しむ大人になった。スズメ・ツバメ・キジバト・オオバン・ホオジロ・モズ・メジロ……50 種を超える鳥たちの魅力を 100 葉の写真とともに紹介する。1980 円

住みたい田舎　黒瀬長生 著

…随筆は日常茶飯事が題材です。私たちは日々、悩みや疑問、不安や希望を抱きながら生活していますが、時に、その本質を見極めたくなります。…ささやかな日常の出来事から人生の本質へ至る円熟の随筆集。　1540 円

アメリカの沖縄侵略・植民地支配と日本政府・本土日本人の沖縄差別　武田博雅 著

私たちは知らねばならない。沖縄の歴史を、沖縄の今を、沖縄の真実を…1972 年以後も変わらぬアメリカの沖縄支配に立ち向かいたたかう沖縄の人々が、私にこの一文を書かせてくれました。（あとがきより抜粋）1540 円

やんばるの風のなかで ―みどりの沖縄すわりこみ日記―　山本 翠 著

2011 年 6 月～ 2018 年 5 月　沖縄県東村・高江にて　オスプレイパッド建設阻止の非暴力の闘い　春・夏・秋・冬、そして台風。沖縄の人々とともに笑い、泣き、怒り過ごした 7 年間の記録。　1650 円

二十四節気をゆく 漢文漢詩紀行　諸田龍美 著

「清明」「雨水」「立夏」 ―― 風雅な名称を持つ二十四節気の推移に合わせ、漢詩漢文を中心に、日本や洋の東西の古典に示された様々な名言やエピソードなどを紹介する。季節の移ろいの豊かさを楽しむエッセイ集。　2200 円

☆ 話題の新刊 ② ☆☆☆☆☆☆☆☆☆☆☆☆☆☆☆☆☆☆☆

波瀾万丈の画家　八木彩霞　愛媛出版文化賞受賞　片上雅仁 著

八木彩霞という画家がいた ―― 。人生行きづまると、必ず救いの神が現れてなんとかなるという福々しさ。美男で美声、女性によくモテた。画家にして文人・思想家・教育者。多面的でダイナミックな彩霞の評伝。 1980円

写楽堂物語　－古本屋の時代とその歴史－　岡本勢一 著

1960年～80年の学生運動を経て、チリ紙交換、古本屋、まんが喫茶、ネット販売と遍歴してきた著者の波乱の人生を軽妙に語る自伝的小説。図らずもその歩みは時代とともに大きく変化した古本屋の歴史と重なる。 2200円

続・動物園のなにげない一日　みやこしさとし 著

大好評の愛媛県立とべ動物園発信コミックの第2弾！　飼育員の目線で動物園に起こった日々の出来事をユーモラスに表現、個性豊かな動物たちや飼育員のエピソード満載。動物園の新たな楽しみ方に出会う一冊。 990円

私のエデンだより　小暮　照 著

これからの人生を託すと決めた松山エデンの園での暮らしも十年を過ぎた。季節毎に綴られたエッセイに、誠実に生きてきた歩みと穏やかな充足に満ちた現在の時間が刻まれる。世界各地のフォトエッセイも収める 1650円

日本で過ごした二十ヶ月　愛媛出版文化賞受賞　H・G・ホーキンス 著

明治25年～明治27年、アメリカからやってきた旧制松山中学校の英語教師・ホーキンス先生の日本滞在記。外国人が見た当時の松山が活き活きと描かれる。愛媛SGGクラブ松山支部英訳翻訳グループにより翻訳。 1100円

ふぇっくしゅん　堀内統義 著

繊細な言葉が掬い取る日常の密やかな詩情
あるいは普段使いの言葉が誘う優しくなつかしい記憶
堀内統義が紡ぐ32篇の詩の世界 2200円

台湾の近代化に貢献した日本人　愛媛出版文化賞奨励賞　古川勝三 著

台湾は日本が50年間も統治し、迷惑をかけたアジアの一員 ―― 。しかし、この間に台湾の近代化に貢献し、今も台湾の人々に慕われている多くの日本人がいる。当時の若き挑戦者達23名の偉業を紹介する。 1650円

愛媛が生んだ進歩・革新の先覚者　中川悦郎 著

「よもだ」精神で読み解く中川悦郎の歴史論考　長く愛媛県政で活躍した中川悦郎は在野の歴史探究者でもあった。その著作をまとめ、多彩な分野で活躍した愛媛県人たち、草創期の革命の士たちの足跡を紹介する。 2200円

風珈館異聞　大早直美 著

高校生の歩美がめぐりあった公園横の小さな喫茶店・風珈館。姉と弟の二人で営むその場所は、小さな奇跡の起こる場所だった。コーヒーの香りと低く流れる音楽のなか隣人達の交差する心が紡ぐ7つのエピソード。 1760円

愛媛 文学の面影 中予編　愛媛出版文化賞受賞　青木亮人 著

豊穣なる愛媛の文化　三部作・一作目　町や村から往時の風景や賑わいが薄らぎ、人々の生活の足跡だけが遺された後、土地の面影を刻んだ記憶は精彩を放ち始める。中予ゆかりの文学や文化を縦横に語る随筆集。 2200円

☆ 話題の新刊 ③ ☆☆☆☆☆☆☆☆☆☆☆☆

愛媛 文学の面影 南予編 愛媛出版文化賞受賞　青木亮人 著
愛媛ゆかりの文学や文化を語る三部作の第２弾・南予編。大江健三郎、二宮忠八、富澤赤黄男、坪内稔典、高畠華宵と亀太郎、大竹伸朗、獅子文六、畦地梅太郎、芝不器男、そして鉄道唱歌に牛鬼、段々畑……　2200 円

愛媛 文学の面影 東予編 愛媛出版文化賞受賞　青木亮人 著
愛媛ゆかりの文学や文化を語る三部作の第３弾・東予編。俳人の高浜虚子や今井つる女、深川正一郎、山口誓子、種田山頭火、吉井勇、若山牧水、住友吉左衛門友成公、そして関行男、林芙美子、別子銅山……　2200 円

四国遍路と世界の巡礼（上）最新研究にふれる 88 話　風ブックス 21
愛媛出版文化賞受賞　愛媛大学四国遍路・世界の巡礼研究センター 編著
1200 年の歴史を有し今なお生きた四国の文化である四国遍路と、世界の巡礼の学際的研究を進め、最新の研究成果を分かりやすく紡いだ 88 話・上巻。四国遍路と世界の巡礼の魅力について興味と理解を深める一冊。　1430 円

百姓は末代にて候　宮本春樹 著
「百姓は末代にて候」とは、寛文５年（1665）に幕府によって裁定された境界争いの折、裁判資料として幕府に提出された山形模型に添えられた言葉である。南伊予の山峡の村に遠い昔から伝わる木彫りの山形模型と一箱の古文書を軸に、四百余年にわたる時を生き抜いた森と人の物語。　1980 円

台湾を愛した日本人Ⅲ　古川勝三 著
台湾農業を変えた磯永吉＆末永仁物語
「台湾中の農民なら誰もが知っている日本人がいますよ」。蓬莱米を作り出した彼らはこう呼ばれたという。『蓬莱米の父』磯永吉、『蓬莱米の母』末永仁。台湾農業の近代化に尽くした二人の足取りを追う。　1980 円

新版 絵日記 丸山住宅ものがたり　神山恭昭 著
伝説の「絵日記　丸山住宅ものがたり」再販。神山ワールドが蘇る。
「愛すべき昭和のプロレタリア文学。涙と力が湧いてくる」（椎名誠）
付録：DVD『ほそぼそ芸術　ささやかな天才、神山恭昭』　1980 円

夏の終わりの俯瞰図　北沢十一 著
北沢十一の近作２１編を収める。作品の多くで川が流れ、川の流れに時の流れ、人生の折々、喪失と再生の物語が投影される。なつかしさと切なさを感じさせる詩集。　2200 円

路上観察 風景の見え方　乗松　毅 著
見方次第で様々な見え方をする風景を写真に切り取り、エスプリのきいた見立てのコメントをつけて楽しむ「ユーモア路上観察」。選りすぐりの 101 点を収める。街を歩く楽しみを教えてくれる一冊。　1320 円

高齢を生きる知恵　谷　正之 著
街の弁護士の現場から伝える高齢期を賢く生きるための案内書　認知症の方の成年後見、死亡に伴う相続、遺言書の作成…。高齢期に生じる重要問題にどう対処すればよいか、事例をもとに具体的な対処法を説く。　1650 円

郵便はがき

恐縮ですが
切手を貼って
お出し下さい

7 9 1-8 0 6 8

愛媛県松山市
みどりヶ丘9－8

創風社出版 行

●今回お買い上げいただいた本の書名をご記入下さい。

書名	
お買い上げ書店名	
（ふりがな） お名前	（男・女） （　　歳）　㊞
ご住所	〒 （TEL　　　　FAX　　　　） （E-mail　　　　）

※この愛読者カードは今後の企画の参考にさせていただきたいと考えていますので、裏面の書籍注文の有無に関係なくご記入の上ご投函下されば幸いです。

◎本書についてのご感想をおきかせ下さい。

創風社出版発行図書　購読申込書

下記の図書の購入を申し込みます

書　　　　　　　名	定　価	冊　数

ご注文方法

☆小社の書籍は「地方・小出版流通センター」もしくは「愛媛県教科図書株式会社」扱いにて書店にお申込み下さい。
☆直接創風社出版までお申込み下さる場合は、このはがきにご注文者を明記し、ご捺印の上、お申込み下さい。送料無料にて五日前後で、お客様のお手元にお届け致します。代金は、本と一緒にお送りする郵便振替用紙により、もよりの郵便局からご入金下さい。

過去を知る　<歴史・人物>

「朝鮮通信使饗応の絵巻物」蝦夷地伝来の謎	合田洋一	1760円
伊予が生んだ実業界の巨人 八木龜三郎 愛媛出版文化賞大賞	大成経凡	1980円
しまなみ海道の近代化遺産 足跡に咲く花を訪ねて	大成経凡	1980円
伊予松山 裁判所ものがたり【明治編】	矢野達雄	2420円
サムライ起業家・小林信近	片上雅仁	1430円
帰 村（改訂版） 武左衛門一揆と泉貨紙	宮本春樹	1870円
葬られた驚愕の古代史 越智国に“九州王朝の首都”紫宸殿ありや	合田洋一	3080円
教養としての日本史 <上下巻セット>	白石成二	5500円
伊予 天徳寺 千四百年の歴史	田中弘道	3850円
復刻版 南豫史 創風社出版創業30周年記念出版	久保盛丸 著／神津陽 監修・解説	9900円
豊川渉の思出之記	望月 宏・篠原友恵 共編	2200円
古代四国の諸様相	松原弘宣	4400円
私と古代史研究	松原弘宣	1320円
庄屋抜地事件と無役地事件 －近世伊予から近代愛媛へ－	矢野達雄	4400円
台湾を愛した日本人 〔改訂版〕 －土木技師 八田與一の生涯－	古川勝三	2420円
古代越智氏の研究 ソーシャル・リサーチ叢書 愛媛出版文化賞受賞	白石成二	3300円
高山浦幕末維新史話 宇和島藩領高山浦幕末覚え書 II 愛媛出版文化賞奨励賞	田中貞輝	3520円
宇和島藩領 高山浦幕末覚え書 ある古文書所持者がしたこと 愛媛出版文化賞大賞受賞	田中貞輝	3520円
明治の国軍創設と兵士の反乱・農民の暴動	山﨑善啓	1760円
朝敵伊予松山藩始末 土州松山占領記 愛媛出版文化賞受賞	山﨑善啓	1870円
瀬戸内近代海運草創史	山﨑善啓	2750円
幕末・明治初期の海運事情	山﨑善啓	1980円
『日本少年』重見周吉の世界 愛媛出版文化賞奨励賞	菅 紀子	1980円
日本少年－少年少女版－	重見周吉 著／菅 紀子 訳	1320円
岡本家の矜恃	木下博民	3850円
はばかり人生	木下博民	2420円
八幡神万華鏡（やわたのおおかみまんげきょう） 神託とはなにか 加護とはなにか	木下博民	2420円
私の昭和史 宇和島・ふるさと交友録	木下博民	2750円
評伝 森岡天涯 －日振島の自力再生にかかわった社会教育者の生涯－	木下博民	1980円

お国自慢お練話 **八つ鹿踊りと牛鬼** 木下博民 1760円

芝義太郎 幸運を手綱した男の物語 木下博民 4180円

信念一路 丸島清（市立宇和島商業学校校長）の生涯 木下博民 4950円

南豫明倫館 僻遠の宇和島は在京教育環境をいかにして構築したか 木下博民 5500円

通天閣 第七代大阪商業会議所会頭・土居通夫の生涯 木下博民 3080円

北上して松前へ ―エゾ地に上陸した豪州捕鯨船― **高知出版学術賞受賞**
ノリーン・ジョーンズ 著 北條正司／松吉明子／エバン・クームズ 訳 2420円

第二の故郷 豪州に渡った日本人先駆者たちの物語
ノリーン・ジョーンズ 著 北條正司・白籏佐紀枝・菅紀子 訳 1980円

湯築城（ゆづきじょう）**と伊予の中世** 川岡勉・島津豊幸 編 1980円

伊予の近世史を考える 増補版 内田九州男 1870円

猿丸大夫は実在した!! **愛媛出版文化賞受賞** 三好正文 1980円

絵馬と薫風 史論とエッセー 島津豊幸 1430円

名優 井上正夫伝 **舞台大変** 【日本図書館協会選定図書】 上田雅一 1815円

凡 平 ―「勇ましい高尚な生涯」を生きて― 玉井 葵 1650円

兎の耳 ―もう一つの伊達騒動― 神津 陽 2200円
【全国学校図書館協議会選定図書 日本図書館協会選定図書】

瀬戸内を歩く ＜写真と文で楽しむ＞

知られざる宇和海
日振島 藤原純友財宝伝説の行方 霜村一郎 著
純友はどこに財宝を隠したのか？ 歴史を繙き、その謎を追う。 1540円

えひめ愛南お魚図鑑 高木基裕／平田智法／平田しおり／中田親 編
温帯性魚類とともに熱帯性魚類も生息。日本全体の４分の１の種類の魚類が生息する愛南の海の詳細な魚類図鑑。 **愛媛出版文化賞奨励賞受賞** 3850円

重信川の自然 藤島弘純 編
松山平野を貫流する重信川 そのすべてが一冊になった！重信川の治水や歴史にはじまり、魚・鳥・昆虫・植物・そして川の文化まで。 1980円

街角のホームズ えひめ面白散歩学 えひめ路上観察友の会 編
マンホールの蓋に始まり、建物や神社の狛犬、果ては動・植物に至るまで、ちょっと見方を変えるだけで面白いもの、不思議なもの発見。 1650円

石の博物誌 ―四国・瀬戸内編― **愛媛出版文化賞受賞** 杉岡 泰 著
悠久の生命を持つ石、 それは過去と未来を結ぶロマンのメディア。 ユニークな視点から石と人との関わりを探る四国・瀬戸内探訪記。 2200円

石の博物誌Ⅱ **瀬戸「石」海道** 杉岡 泰 著
―瀬戸内海という花道を、文化や権力、人間、宗教、物資、あらゆるものが下手から上手へ上って行き、石の舞台に辿り着く― 好評の続編。 2750円

創風社出版の詩歌句集②

朝倉晴美句集	宇宙の旅	1320円
薮ノ内君代句集	風のなぎさ	1320円
藤田亜未句集	海鳴り	1320円
棹見拓史詩集	かげろうの森で	2200円
棹見拓史詩集	うすく笑う青空	2200円
三木　昇詩集	水の記憶	1980円
三木　昇詩集	逃げ水	1650円
岡本亜蘇句集	西の扉	2200円
日向日和詩集	四月の彗星	1980円
玉井江吏香詩集	濁り江	1540円
北沢十一詩集	奇妙な仕事を終えた夕暮れに	2200円
石川明憲詩集	うばめがし	1100円
白石香南子詩集	多重自己	1430円
宮野駛郎第一詩集	鎌を研ぐ	1980円
宮野駛郎第二詩集	杭を打つ	1650円
山頭火	人生即遍路　高橋正治 編・画	1571円
未眞薅第一詩集	おぼろ月の足跡	1870円
橋の会合同歌集	橋	2200円
寺坂理恵詩集	雨を売る男	2200円
山本耕一路詩集	夢の鴉	1980円
山本耕一路朗読ＣＤ	KOUICHIRO	1980円
詩画集	トマト伝説　森原直子 詩・柳澤順子 絵	1650円
森原直子詩集	花入れの条件	1922円
森原直子詩集	風　待　草	1068円
小松流蛍詩集	竹のさやぎをききながら	1922円
小松流蛍詩集	異聞 日本悪女列伝　画・平井辰夫	1601円
石村哲磨詩集	ＳＴＵＤＹ＝流木	1320円
図子英雄詩集	阿 蘇 夢 幻	1708円
久保 斉・久保卓士歌集	ス エ ル テ	2136円
いつき組合同句集	花のいつき組	2200円
せんばふみよ詩集	天上のしぶき	2200円
ありか・サオリ写真詩集	sweet junkie	1650円

電話

受話器をとった。

「桂米團治でございます」

うん？　悪戯か？　でもこの声は確かに米團治師匠だ。

「はい、どのようなご用件でしょう」

この私の対応に先方も「？」と思ったらしい。

「あ」

両方で声を発した。

「私、間違いましたか？」

「Tホールへお掛けなのでは？」

「あ、そうです、そうです」

この小ホールの催しに出かけることもあり、米團治さんは企画その他の中心的な人でもある。我家の電話番号がちょっと似ていることもあり、こんなこともたまには起きるのだ。

「どうも失礼致しました」

「いえいえ、朝からお声を聞かせて頂いて。また、Ｔホールへ伺います」

うふふ、といった気分。こんな間違い電話ならたまにはいいかも、だった。

いつだったか、新聞に独り暮らしの女性の投書が載っていた。この頃は電話がちっともかかってこない、間違い電話でもいいから、かかって来ないかしら、といった内容だった。淋しいのだろう。

携帯電話等が主流になり、ｅメール連絡が増え、本当に固定電話やＦＡＸの出番も減った。

まして高齢になると、知人友人が欠けていってしまう。連れだって出かける機会も減り、手紙を書く根気もなくなり、長電話をしていた時代を懐かしく思い出すことになるのだろう。

義母はとても社交的な人で、友人たちと趣味や食事などを楽しんでいたが、あの人も死んじゃった、この人も亡くなった。一緒にご飯食べに行く人がまた減ってしまったわ、と最晩年は淋しがっていた。
そんなことを思い出す。

地名

公孫樹は黄に鵯越は駅名に　　木割大雄

という句がある。「そうそう、まさにそう！」だった。イチョウの葉が色づくのは美しい。華やかである。だがやがて黄落となり、裸木となり、寒々とした景色を作り出す。

掲句、平家物語にまで踏み込んで鑑賞するべきかどうかはさておき、今も地名は残り、こうして駅の名にもなっているわけだ。須磨の奥に位置し、平家物語の〈一の谷の合戦〉の中、「鵯越の逆落とし」の場で知られる山地だ。『笈の小文』の旅では、芭蕉もこの辺りを歩いている。掲句の通り、神戸電鉄の駅名になっている。

大坂府下能勢電鉄には「絹延橋」という駅がある。初めてここを通ったとき、何と美しい地名だろうと心に残った。由来を知りたくなる名でもある。

レッドカーペットのごとく、絹を延べて貴人を通したのかと思ったが、そうではなかった。

昔、呉の国から渡って来た織女達が、織上げた絹をこの近くの川原で晒したことによるのだそうな。絹延小橋という橋もかつては架かっていたのだとか。

それで思い出したが、西宮市に染殿池というのがある。

その辺りを染殿町という。やはり呉から来た女性達がここで染物をしたということによる。当時の様を想像しようにも、今は国道や住宅に囲まれたほんの小さな池だ。これでは染物は無理だと思えるから、当時は豊かな流れや池があったのではなかろうか。呉羽・綾羽という彼女達の呼称が呉羽町・綾羽町として残ってもいる。大阪府池田市にも綾羽が地名として残っている。

転じて、今私が暮らしている所は大阪市中央区西心斎橋という。かつては南区久左衛門町といった。太閤さんの時代、安井道頓が道頓堀を通した時代の功労者の一人播磨屋久左衛門の名を付けたもの。何れも道頓堀川の北側、御堂筋を挟んで東が山口宗右衛門から名を付けた宗右衛門町、西が久左衛門町であった。それを東区と南区を合併して中央区とし、この辺りは西心斎橋としてしまったのだ。本来の心斎橋とは何の関係もない。しかも東側の宗右衛門町だけは残されているという不公平。

普段は忘れているが、こうやって思い出すと何だか腹が立ってくる。地名にはそれなりのいわれがあろう。折角の地名を消してしまうというのは、行政のアホ！　と言ってもかまわないだろう。

花の時計

朝顔、夕顔、月見草、月下美人等々名を聞くだけでその咲く時間帯が分かるものがある。

何かの漫画に、花が枯れない、まだ枯れない、ああ、まだ枯れない……やっと枯れた、そうよ、それでこそ花よ。という場面があって、解るなあと思いながら読んだことがあった。

本当に枯れてくれてほっとした、というほど花期の長いものがある。例えば多くの蘭のように。

一方で一日花と呼ばれる短命の花がある。

さらにその一日の中でも三時間咲いているもの、二時間ほどのものと様々だ。

時計草という花がある。中学時代、時計草の実物を知らなかった頃、その蕊の先、つまり柱頭が針のように動くのだと思っていた。垣根にこれを絡ませている家を見つけて、時折遠回りをして観察させて貰った。三本に別れた蕊の頭の部分が、長針、短針、秒針、ということらしく、それは解ったが、どう見ても動きそうにはなかった。いつ通っても同じ顔をして咲いていた。そして、じっと見ているうちに何だか気分が悪くなった、というか、その顔が恐ろしくなった。蕾のときはぷくんとして愛らしいのに、もぞもぞと開き始めると、何とも言いようのない印象を受けてしまう。

後で知ったのだが、この花、学名をpassiflora・パッシフローラといって「受難の花」とされているという。

磔刑にされたキリストを雌蕊の柱頭に、放射状に取り巻く部分をキリストから出た後光に見立ててのことらしい。クリスチャンではないけれど、そう聞けばますます怖気づいてしまう。ユニークな形の花に違いはないが。

秋山小兵衛

秋山小兵衛は晩年幸せだったのだろうか。ふと思った。池波正太郎著『剣客商売』の主人公のことだ。

久し振りに開いた『鬼平犯科帳』に鬼平こと長谷川平蔵の述懐として、「かつて秋山先生という立派な剣客がおられたそうだ。隠棲されたというが、ご存命なれば是非ともお目にかかりたいもの」とあったからだ。

時代は小兵衛が先で、老中田沼意次の今をときめく日々から、その失脚といったことが背景にある。鬼平は松平定信の世になってからの話ではなかったか。小兵衛と老中田沼とは一つ違いという設定。鬼平はもっと若い設定のはずである。剣客商売の中にしばしば火付盗賊改方という呼称が出てくる。これは鬼平の役職ともなっている。勿論まだ平蔵の出番ではない時代だ。

『剣客商売』は小兵衛が七十歳になる前に話は終わっているが、おそらくこの二人が物語上で会う機会はあったであろう。

作家池波正太郎の中には、会う場面が用意されていたのではなかろうかと、思えてならない。どのように話が展開しただろうか、と。

私は文庫本で全十六巻を持っているが、最終巻はあまり開かない。小兵衛老いたり、の場面が随所に現われ、読んでいて気持ちが沈んでしまうものだから。無論、読者である私も老いてきて、目眩を起こす場面など、身につまされて想像もしたくない、ということでもある。

シリーズ物も長くなると作家自身も年齢を重ねることになるから、そちらの方へ意識がゆくのだろうか、何かにつけて年齢が語られるのだ。

そして私は、まことに余計なお世話で、この後小兵衛はどうしたか、と考えてしまうのだ。何しろ九十二~三歳まで生きたことになっているのだから。

孫のような、と言われるほど若い後添え（息子より年下）に先立たれ、手足になって働いてくれた御用聞きや下っ引きや、馴染みの店の人達も彼を置いてあの世へと去ってしまう。

いかなスーパー老剣士であっても、残ってしまうのはかえって辛いことではなかったか。

小兵衛には一人息子がある。世の変遷はさておき、器用ではないがちゃんと生きてゆける人物に描かれている。

長谷川平蔵にも息子が一人いて、こちらは如何に楽をしようかと腐心しているようにも見える描き方だ。若さ故の事と笑えるところでもあるが。その頼りない息子が、「お、働けるではないか！」というところまで来て作者の方が倒れた。

読者としては、全く残念。もう少し読みたかった。

作家の無念はいかばかりか……。

ホタル

「ホタル！　え？　まさか！」

二〇一二年秋のことだ。ＹＡＨＯＯ！ニュースの写真が目に入った時のこと。それはもう驚いた。ロシア大統領寄贈の猫、と紹介されていたのが、死んでしまった我家の猫「ホタル」にそっくりだったのである。長毛で白色。耳と尻尾が黒い。おでこに黒っぽい縦縞模様。かつて総合誌『俳壇』（二〇〇四年新年号）に載ったときのホタルとポーズまで同じ。

秋田県知事から贈られた秋田犬を気に入ったプーチン大統領から、知事にお礼として届くのだとか。シベリア猫というのだそうな。プリントアウトしてクリアファイルに挟み、『俳壇』のわがホタルの方はコピーして同様に挟み、事あるごとに、人ごとに「ねえ、ねえ、これ見て」と見せていた。ただただ、可愛い猫だったのね、といってほしいがために。親馬鹿もいいところだ。

贈り物とはいえ、動物のことだから検疫期間はその施設に留め置かれることになる。無事にその期間を過ごし、知事に渡されるというニュースが流れたとき、またまた驚くことになった。モッサモッサの毛に覆われたふてぶてしい猫に育っていたから。子犬にしても子猫にしてもあっという間に成長するから、驚くほうがおかしいのかも知れないが、あまりにも……。あの猫、何という名がついて、今はどうしているのだろうか。

調べてみたらミールという名前なのだとか。ミールとはロシア語で平和を意味するらしい。

「ボクね、虫のホタル見たよ！」

「うん？　ホタルって虫だよ」

「え？　猫だよ」

会う人ごとに〈虫のホタル〉のことを話して、いやいや、蛍はもともと虫なんだといわれて不思議そうな顔をしていた。

孫が小さい頃の話。我家の猫の名がホタルだったから、彼の中ではホタルすなわち猫だったのだ。

中学生になった今ではすっかり忘れているだろう。

百足の脚

へえ、そうなってるのか……。

石垣を這っている百足を見て気が付いたことがある。何しろ怖いわ、気持ち悪いわ、という相手なのでじっくりと見たことがなかった。黒い身体に黄色い脚がいっぱい。なかなか大胆な配色で嫌でも目立つ。あの身体は節が連なってできているると思う。その各節に一対の脚があるように見える。じっと見ていると、どうも一本ずつの脚が動くのではなく、四、五本ずつまとまって動いているようだ。どんな神経系統なのかちっとも解らないけれど、面白い仕組みになっているのだなあ、と、感心した次第。

百足競争というのがある。あれは何人が連なろうと、右、左、と揃えて交互に足を運ばないと崩れてしまうが、本物の百足はそうではない。いうならばウェーブのような脚運びである。実に滑らかである。

えーと、えーと、何本ずつ？　と思っている間に石垣の穴へ滑り込んでしまった。もしも今度遭ったらちゃんと見てみよう。

百足には思い出がある。痛いのと、気色の悪さとの二つ。

一つは噛まれたこと。これは腫れ上がって痛かった。中学生の頃だったと思うが、いつ、何をしていて噛まれたのかを全く覚えていない。

もう一つは岩陰に瑠璃草を見つけて、それはもう躍り上がるほどに嬉しくて、ちょっと遠かったが夢中で手を伸ばして取ろうとした。うん？　腕に何やら違和感が、ふと見ると百足が這っているではないか。気持悪いはずだ。夢中で腕を振って落とした。じわーっと怖くなってきた。

その年に見つけてからというもの、毎年五月頃になると気をつけて見るようになった。百足ではなく瑠璃草を。

特徴のある岩が目印になるから間違うことはない。毎年同じ場所に花は咲いた。百足とセットではないと分かっているけれど、手は伸ばせなくなった。

星

空気が澄んできた。夜空が美しい。今、戦いの地となっている国にも、被災地といわれている所にも同じように星は見えているはずだ。

前の家（兵庫県西宮市）に住んでいた頃はよく星を見た。流れ星も沢山見た。夜明け前の三時頃に一人でみた零等星以上の明るさの流星は凄い迫力。身体の芯がズンとなる感じで震えてしまった。畏怖とでもいおうか。こういう大きな流星を火球というのだろうか。

ルーフテラスに寝椅子を出して、室内の灯を消す。町の灯対策として新聞紙を用意する。自分の顔の灯りがある側へ立てて光を遮る。これで準備はＯＫ。あとはひたすら空を見上げることだけ。
○○流星群というのが年に何度か現れるが、そういうことがあろうとなかろうと、根気よく空を仰いでいると二つぐらいの流星は常に見られる。

問題はこの時間をどう思うか、ということだ。暗くしてぼーっと空を見上げているだけ。考えることはできても、読むことも書くこともできないわけで、無駄といえば大いなる無駄な時間。下戸の悲しさで缶ビールでも横に置いて……というわけにもゆかない。

子どもの頃を思い出す。

星が流れると、今飛んだのはどの星なの？ と思った。次々に流れていったら、星が無くなってしまうのではないかと心配で仕方がなかったのだ。

特に夏の大三角。

「あっちが織姫、こっちが彦星、天の川の真中に白鳥。翼を広げて橋になってあげるんだ」

こんな話は父がしてくれた。

「流れ星になる星と、あんな大きい星とは違うんだから心配しなくても大丈夫」

いくら聞かされても私の不安はなくならない。大好きな織姫様が流れてしまって、空のあそこが空っぽになってしまったらどうなるのだろう？ 七夕祭りもできなくなってしまう、と。

星を見ていると色々なことを考える。星は意志を持ってその場にあるようにも思えてくる。

なぜ、星は輝くのか。なぜ、色が違うのか。どうして大きさが違うのか。

本当に昼間も星は出ているのか。

つまらないことだが、当時は本当に不思議でならなかった。

太陽に季節や時間を、月に日を、星に方角を、というように人は天体に教わり、天体に生かされてきたのだ。日頃、忘れている時の方が多いにしても、である。星座を作り出したのは昔々の羊飼い達だといわれている。いや、考えた人は多くいただろうが、ギリシャ神話と併せて、一番定着したのが彼らの星座だというべきだろう。西暦百五〇年に書かれたギリシャの本に、すでに四十八の星座が表わされていたという。

ここで面白いと思うのは、日本や中国では「北斗七星」「小北斗」「柄杓星」といい、「三ツ星」「碇星」と呼んだ。実に直線的である。比べて、中東辺りではここに肉付けをほどこし「大熊座」「小熊座」とし、衣裳まで着せて「オリオン座」「カシオペア座」としてしまった。民族性とでもいうのだろうか。

吉行淳之介に『星と月は天の穴』という作品があった。夜空を見上げると本当にそんな気がしてくる。舞台の背景に使われるときには、星（穴）の配置はこれでいいのかなあ、と、自分の美意識は棚にあげて見ていることもある。「天の穴」の例は俳句作品でもたまに見かけるが、二番煎じに終ることが多い。

足長蜂

西宮のマンションに住んでいた頃のことだ。

一匹の足長蜂が巣を作り始めていた。通路の斜めになった角のある辺りだった。これは管理人に取り払われてしまうだろうと思った。その通りになった。

三日ほど経って蜂が舞い戻り、再び巣作りが始まった。死んでいるのかと思うほど長い時間ぶら下がったままでの作業だ。どれだけのエネルギーを費やしているのだろう。また三日ほどが経ち、今度は蜂が見えなくなった。いびつな三部屋が残されていた。

その後。我家のテラスでの話。

足長蜂をよく見かけるなあ、と思っていた。

巣があるのに気付いた時にはすでに直径が三〜四センチになっていた。テラスに置いた植木の南側、つまり私の死角にそれはあった。

花へ来たり、甕に浮かべた布袋葵につかまって水を飲んでいたり、葉の枯れたところを齧っていたり、本当によく見かけた。

だから、私としては枯れた葉を齧っている時に、巣の材料を集めているのだと気が付くべきだったのだ。

夜、蜂が眠っている間なら、殺虫剤でも殺すことはできただろう。何故それをしなかったか？　刺されれば痛い、との思いもあったけれど、あの蜂が脚を垂らして飛ぶ姿が好き、ということの方が大きいかも知れない。蜂の中でも足長蜂はその姿が一番美しいと思うからでもある。

昆虫たちは夏になると動きが活発になる。蜂もそうだ。朝日が差すと活動開始。白い幼虫が嬉しそうに（？）小さな部屋の中で身をくねらせる。働き蜂が触角を振りたててせっせと世話をする。食べさせたり、排泄物を片付けたりしているのだろう。

真夏には部屋の増築が間に合わないのではないかと、心配になるほどの賑わいになり、しかも、全員が巣に戻って夜を過ごすらしく、夜明けに覗きにゆくと、蜂たちがもりもりと盛り上がっている状態。

さすがに少し心配になって友人に相談した。彼は皮膚科の医師である。

「ねえ、蜂に刺されたらどうしたらいい？」

経過を話してこう訊いたら、まじまじと私の顔を見て、おもむろにこう言った。

「市役所へ電話して退治してもらいなさい」

たしかに彼が正しい。

しかし、今や七～八センチほどにもなった巣である。使った部屋はきれいに掃除して次の育児にあて、せっせと材料を運んで増築しているのだ。これを殺せようか。ゴキブリなら有無を言わさずピシャリ！　の私であっても。

秋に交尾した雄蜂は死ぬという。雌蜂は次世代に備えて越冬するとか。働き蜂も死んでしまうのだろう。

春、越冬に成功した雌蜂はたった一匹で巣を作り、卵を産む。孵って羽化したらすぐに働き蜂になる。自身は女王蜂として、ひたすら卵を産んで生きることになるが、もしも巣を落とされたり壊されたり、卵がうまく孵らなかった場合は悲惨なことになろう。

十一月になり、寒くなってきた。蜂の数は減ってきた。おそらく死んでいるのだろうが、死骸は一つしか見ていない。

思いがけず「蜂のひと夏」を観察させてもらった。幸運だったのか、単に私と衝突しなかっただけなのか刺されることはなかった。

ありがとう。

定家のかずら

昔々。

通学路に大きな岩が剥き出しになっているところがあった。私の故郷は合併により高梁（たかはし）市ということになったが、岡山県の西部。地質的には石灰岩地帯ということになる。従って岩や石は白っぽいものが多い。

何気なく積まれた石垣などにもウミユリやフズリナの化石が普通に見られた。もっともこれを教えてくれたのは中学の理科の教師であり、高校で地学を選択したのも、この先生の影響が大きかった。

休暇の時期にはハンマーなどを持った学生達がよく歩いていた。面白そうでついて行きたいぐらいだった。

題詠をやるとき、私の句に石や地質や地学部といった言葉や内容が時々出てくるのは、この時期の経験が多分に影響している。

それはさておき、その大きな岩もやはり白っぽい肌をしていて、張り付いている蔓草などはくっきりと見えた。

その植物群の中でとても気になるものがあった。蔓で絡んで這い上る。艶々した小さな葉は常緑で冬も枯れることはない。いつも見ていると、ある時真赤になっている葉が目に付く。近寄るとそれは花などではなく、葉が紅くなっているのだった。今なら常緑樹も落ちる前には紅くなったり黄色くなったりすることを知っているが、当時はそれを知らなかった。だからその真赤になる葉が不思議でならなかったのだ。

梅雨の頃、白い小さな花が咲いた。頼りなく伸びた蔓の先に数個の花が固まって付いた。鼻を寄せると甘い匂いがした。直径二センチほどのその花の、さらにその花びら一枚にも満たないほどの白い尺取虫がいたこともある。花びらを食べていたのだった。

ここまでは小学時代のこと。

それから数十年が経って、その実なるものに初めて出会った。いつも通る道であった。何年もそこを通っていたのに、まったく気が付かなかった。いや、塀に被さるように垂れている定家葛は知っていた。花を毎年楽しみに眺めていた。ある時、そこに細長い物が下がっていた。

どうにも気になって一つ採らせてもらった。

帰宅して図鑑を開くとテイカカズラの項に「実は細長い円筒状で、長さ十五〜十八センチ。二個ずつ垂れ下がる」とあった。測るときっちり十五センチ。莢は皮細工のように固くて割れなかった。毎年これが生っていたのだろうか。そして私は見過ごしていたのだろうか。

その後、似たような物を見た。初冬の夾竹桃に同様の莢ができていたのだ。違うのは、こちらは上向きに生っていたことだ。これを一つちぎって来て机に置いた。暖房のせいだろうがたちまちに弾けて、絹のような毛の付いた小さな種が出てくるわ、出てくるわ……。白い毛でふわふわと動き回るのを押えて、箱に入れ、中に詰まったままのものはピンセットで抓みだした。数えてみたら何と二百と二個。種の多さにも、自分の変な根気にも呆れた。

定家葛も夾竹桃も同じキョウチクトウ科に属する。花の形も似ている。実が似ていても不思議はないように思える。以前、割ることを諦めて捨ててしまった定家葛の莢も同じような状態だったのではないだろうか。

比較できなかったことを残念に思う。

しかも、どちらも咲いた花が全て実になるわけではなさそうである。この結実率の低さが、即ち、こんなにもぎゅうぎゅう詰めの莢を作り出しているのだろう。もう一度確かめたいと願っているのだが、どちらの実にもなかなか出合えない。

定家葛の名前については、以前、藤原定家の墓に絡んでいるところを発見されたことによると聞き、そう思っていたのだが、正反対のことをいう人が現れた。謡曲に『定家』あるいは『定家葛』というのがあり、それは式子内親王の墓へ、生前契りを交わした定家が執心のあまり葛となって絡みついているという設定。通りがかった高僧に内親王の霊が現れ、何とかこの定家卿の妄執が晴れるよう、弔ってはくれぬかと頼む。心のこもった読経により、やがて葛ははらはらと解けてゆくと……。霊の出現がなければ能は成らないにしても、後者の方を信じたくなるのだが。

さて、〈定家の墓に〉説か〈定家が墓に〉説か……。

慈姑の芽

綿虫を追ふとは風を掴むこと

明礬（みょうばん）の少しを量る冬あたたか

帰らうよ山茶花散らすにも飽きた

葱折れる方に太陽ありにけり

懐炉欲しざつとほぐしておく卵

一陽来復絹に昔の重さあり

狐火や抱きとめるのはいつも素手

狐火が言ひ寄つてゐる狐火に

母恋ふにあらず慈姑（くわい）の芽の折れて

蜜柑二個話を継ぐに丁度いい

寒い日だがポストイットがまた進化

年逝くや酸橘の種に朱のさして

初明り声持つものは声上げて

初席へ連ね松喬の濁声も

境内や四日も暮るる土埃

七草のわけて御形（ごぎょう）の眠さうな

成人の日ガラス切る音何処よりか

ありたけの竹爆ぜさせよ浜とんど

オリオンの腕を上げては星放つ

霜解けの始まつてゐる朝ごはん

濡れて水仙濡れてゐる鹿の鼻

入れ智慧をされ蓮根の穴だらけ

冬の夜を溶けてチーズに月の色

北摂や翁の転びさうな雪

日脚伸ぶ宗右衛門町へ研師来て

鳥を拾う

目白を拾った。

場所は阪急電車宝塚駅前。ちょうど宝塚歌劇がはねた時間帯だったらしく、花の道からどどっと人が押し寄せてくる。その足下に一羽の目白がいるのだ。女性が中心のその群れは、まだ夢の覚めやらぬ面持だったり、舞台の話に夢中だったりして、足元を気にしている人などいない。

「潰される！」と思った瞬間手が出ていた。前々から小さい鳥だと思っていたが、手にのせると本当に小さくて軽かった。柔らかくて温かかった。撫でたらパチッと目を開いた。

「生きている！」

アイリングが胡粉を塗ったように本当に真っ白。綺麗な鳥だ。

私の様子を見ていたらしい男性が近づいて来た。

「植え込みに置いてやりなさい」

言われるままに、そばのアベリアの根方へ置いてやると、翼を動かした。何かへぶつかって気絶していただけなのだろう。

燕を拾ったことがある。すでに息はなかった。ツツーッと飛び抜けるのを見ていると大きく感じるが、手にのせると実に軽い。そして小さい。大きな鳥に襲われたのかと思ったが、どこにも傷はない。喉は赤いというか、絵の具でいえば代赭色。頭や背は黒だとばかり思っていたが、その首筋は深い瑠璃色でとても美しかった。鴉も首のあたりに瑠璃色を含んでいるが、似たような色合いといえようか。

雀が突然落ちたことがある。真夏のそれも日盛り。柵に止まっていた雀がパタッと落ちた。たまたま見ていたから驚いた。拾い上げると死んでいた。何事？ という感じ。雀も熱中症かしらと思った。突然死ということもあるのかも知れない。

雀といえば、鵙に捕えられた雀を見たことがある。

視野の端にざわつきを覚えて、焦点を合わせると鵙がいた。理解するのに少しの間を要したが、その鵙の脚の下に雀が押え込まれていたのだ。

次の瞬間、その嘴が雀の目を突いた。雀の急所がどこなのかは知らないが、狩をする方はよく知っているだろう。やがて爪を立てて雀を掴んだまま飛び去った。鵙をそんなに大きな鳥だと思ったことはなかったのだが、その時はとても大きく感じたのだった。

大きな息をついた。見ている間緊張していたのだ。

蒲公英

たんぽゝ花咲り三々五々五々は黄に
三々は白し記得す去年此路よりす
憐ミとる蒲公茎短して乳を浥

蕪村の『春風馬堤曲』、蒲公英の部分である。毛馬の辺りの、つまり大阪（当時は大坂）の蕪村がいた時代の、この花の割合はどうだったのだろうか。「五々は黄に／三々は白」の割合に疑問を呈する人がいる。白の方が多かったはずという人。いや、「三」と言い切れるほどあったのか、という人。

詩や画に厳密な割合が必要かどうか、さらに蕪村がこれを書いたときと、幼時の印象なり、記憶としての白花と黄花との割合が一致するとも限らないだろうと思わないでもないのだが、たんぽぽの白と黄が混じって咲いているというのは何ともいい景色で一度見てみたいと思うのである。

かつては西へ行くほど白花が多くなるとされていたはずで、私の故郷ではたんぽぽといえば白花が普通。黄色い花を見つけると、とても嬉しかったものだ。もともとエゾタンポポ・カントウタンポポ・カンサイタンポポ等の黄花とシロバナタンポポとがあったのだが、帰化種のセイヨウタンポポ・アカミタンポポの黄色い花が勢力圏を拡げてきてシロバナタンポポの方が逆に珍しいものになってしまった。

我家にも黄色い蒲公英が咲く。

思い付いて、一つの花を観察してみた。毎朝七時頃の記録である。

4月28日	葉の中に蕾が見える	茎はまだない
29日	蕾	茎の長さ　5cm
30日	蕾ふくらむ	6cm
5月1日	やや開く	15cm
2日	開花	同
3日	開花の状態で茎が倒れる	同

4日　花が閉じる（総苞の上に閉じた花弁が揃う）
5日　茎が起き上がる　16cm
6日　茎はやや斜めのまま　17cm
7日　枯れた花が集まっている
8日　花の集合体が落ちる　22cm
9日　白い綿毛がのぞく　25cm
10日　同　35cm
11日　綿毛円く全開　茎真直ぐに立つ
12日　綿毛まん丸　40cm
13日　綿毛飛び立つ
14日　総苞が平らになる
16日　茎が枯れ初める
21日　茎が半ばまで枯れる

ここで観察を打ち切りとした。

花を終えた蒲公英が一旦倒れ、再び起き上がると、今度は高く伸びて綿毛を飛ばすことには気づいていたが、それがどのくらいの日数をかけてのことなのか、この際きちんと観察してみようと思い立ったのであった。花を終えた後倒れるのは後進に日当りを提供することと、自身がゆっくりと結実するためであろう。蒲公英はキク科。従って小さな花の集合体（頭頂花）である。その一つずつに種ができて、あのまん丸い綿毛になる。

ついでのことに、何個が固まっているのだろうかと、別のまんまる綿毛を数えてみた。百六十の実がついていた。個体差はあるだろうが、大体そんなところではないだろうか。種の数が多いのは、それだけ着地率、発芽率が低いということだろう。よし、と、始めたことがある。卵ケースを開いて土をいれたものを用意した。四十個分である。ここへ一粒ずつこの種子を埋めた。途中で雨に叩かれてしまったが、三本発芽しただけであった。

私にすれば発芽実験のつもりだったが、実験というなら、もう少し丁寧にやるべきだった。

さらにもう一つ、ついでのことをしてみた。

何かに書かれていた「エンジェル・ポンポン」なるものを作ってみようと思ったのである。エンジェル・ポンポンというのは、あの綿毛をまん丸いまま、ドライフラワーにしたものだという。

さて、思い付きはよかったものの、ちょっと空気が動くと飛ぶ。スプレーで固定しようとすれば、その噴射圧でバラバラになる。茎は乾燥させねばならないから、逆さに吊って陰干しにするのが常識だし……、どうやってみても綿は飛びたがる。これは切る時期の問題かも知れない。試行錯誤の結果、成功した。茎が立ち上がる頃、まっすぐになる前に切り取って逆さまに吊っておく。先の観察でいえば、五月九日あたりのもの、まだ萼に包まれた実は開く気配もない頃である。それが、乾くにつれて白い綿毛をのぞかせ、開き初めてやがてまん丸になった。可愛い！　軽く振ってみたが、離れない。飛んでゆかない。成功である。まだ未熟な種である証拠とでもいおうか。親離れができないのである。

茎は枯れると空洞が潰れてしまうから、逆さに吊る前に、造花用のワイヤーを入れて補強しておいた方がよさそうである。

以上が蒲公英と私とのことの顛末である。

森先生の茹で卵

卵を茹でようとタイマーを十分にセットした。固いのは嫌い、トロトロも嫌い。ということで、私の場合、水から十分なのである。

森於菟の茹で卵をちょっと思う。気味悪さとともに。

森於菟とは森鷗外の息子で、森茉莉の兄で、東大医学部の先生だった、程度の認識しかないが、一つ憶えていることがある。どの本のどんな題の文章だったか全く記憶にないのだが、卵のことだった。

それによると、先生は研究室で鶏卵、それも有精卵を使っての実験をされていたらしい。鶏の卵は親鶏が温めて二十一日で孵化する。胚葉の発生から観察していれば、何日目には嘴ができるとか、目玉ができるとか、翼が出来かかってくるとかが解ってくるだろうとは私でも察しがつく。

そして先生は毎日朝食に茹で卵を召し上がったらしい。三分茹でぐらいのトローッとしたのをスプーンで掬って食べるのがいいとおっしゃる。ただ、いくら好きでも飽きるのが人間で、ここからが彼らしいというか、研究室で使っている卵を料理したらどうだろうか、という方へ話は進む。今朝の卵からは嘴が出てきたとか、目玉がスプーンにかかったとか、そんなことがあれば愉しいだろうな、となるわけだ。しかも森先生の願望としては江上トミさんの声で「ハイ、今日は○○日卵の○○分茹でてでございます」と言って貰えないものだろうか、なのだそうだ。ここが、私には解らないところで、いや、江上トミさん（この名を覚えている人も減った）の声でサービスされることではなく、研究室にある卵を食べる気になれるものだろうか、ということ。まさか、それを解剖台の上で召し上がるなんてことはないだろうが。

解剖からの連想。これも二十代の頃に目にしたある教授の「医学部の教授になどなるものではない」という随筆。製薬会社の宣伝冊子に載っていたような。何が彼をしてそう思わせたかというと、先輩教授の死後、提供された遺体を学生たちが解剖し、レポートを作成。それを読んだ筆者は頭の先から足の先まで、きっちりと作成されたそのレポートの〈右睾丸○○グラム、左睾丸○○グラム〉のところで溜息が出たというのである。心臓が肥大しているとか、歯は二本しか残っていない。とかならまだしも、睾丸の目方まで量られねばならぬものか……といったものだった。きっと自分も死ねばそうなるのか、との思いであっただろう。筆者が男性だからその思いが強かったのかも知れない。女性なら乳房の左右、卵巣の左右というところだろう。昨今なら、整形手術の痕跡が認められる、などと書かれたりするのかも。

解剖。できるなら、司法解剖など受けることなくあの世へ行きたいものである。自分の意志で献体し、解剖台の上で血管一本、神経一本にいたるまで、バラバラにされるのならばこちらはいいにしても。とはいっても、私は意気地がないものだから、ホルマリン槽へ漬け込まれるのは……死後のこととはいえどもあまり考えたくはない。

この教授は後輩のために自身の遺体を提供されたのだが、今、献体はどうなっているのだろう。葬儀の後「○○様は献体されますので火葬場へは参りません」という人を見送ったこともあるが、提供者が多過ぎるから、もう献体の必要はないと聞いたこともある。

姫女苑

小学校の同級生にああちゃんという男の子がいた。いつも青洟を垂らしていて、袖口などで拭うものだから、何となく薄汚い。

ああちゃんは、今でいえば「いじめ」の対象になるような子だった。私もよくいじめられた方だが、明らかに質が違っていた。彼を好きではなかったが、家が近いこともあり、登下校は一緒のことが多かったし、放課後を遊んで過ごしたこともあった。家へ行くとお母さんがとても喜んでくれた。

その彼のお気に入りに姫女苑の花があった。白い花を一輪ずつ摘んでは、花びらをむしるのである。花占いのように丁寧にやるのではない。とにかく、あの細い花びらを全部ちぎってしまうのだ。そうして、黄色い花芯だけになったものを

「はい、おしろいあげる」

そういって私の掌に置くのだ。つまり、丸みを帯びた花芯が白粉のパフに似て

いるというのだ。気に入ったことには執着するから、一緒にいると私の両手は彼のくれるおしろいでたちまち一杯になるのだった。捨ててもいいというときと、捨てたら怒るときとがあった。その気分の差は私には解らなかった。このおしろいの遊びを誰から教わったのかは、聞かずじまいになってしまった。

中学生になると、学校も教室も雰囲気が変わる。男子は体も大きくなり、力も強くなる。ああちゃんもそうだ。声変りして、うっすらと髭も生えて、しかも思春期の男子の本能を隠すことをしない（できない？）ものだから、周りに気味悪さを与えるようになってしまい、女子は誰も彼へ近寄ろうとはしなくなった。

先年、帰郷した折、久し振りに彼を見かけた。声をかけようかと思ったが、彼はとうとう一度も視線を合わせようとはしなかった。

転がる

埃っぽい通りに人影はない。

現われた二人の男。

ヒューッと風が起こる。

丸い物体が転がってゆく。

いざ！

十数えたら振り向いて撃つ！

ちょっと思わせぶりな音楽が流れて、拳銃が大写しになる。最終的にはヒーローが勝つわけだが、何故かこういう場面では、あのいかにも乾いた感じの物体が転がってゆく。何なのだろう？　これがずっと気になっていた。荒涼とした雰囲気を出すのに、あれ以上の物はないように思えるし、西部劇では定番となっている演出なのかしら？　とも思った。

ところが、あれは植物であった。

ある日、ぼんやりと『スヌーピー』の漫画を読んでいたら、突然あれが登場したのだ。

スヌーピーには砂漠でサボテンを相手に暮らしているお兄さんがいる。そのお兄さんの話し相手に出てきたのである。サボテンに話しかけるのと同じように話しかけていた。何十年にわたる疑問が解けた。あいつの正体は草だったのだ。そうと分かれば調べ様もある。

まず、名前は「タンブルウイード」。日本名は直訳で「回転草」もしくは少し詩的に「風転草」というそうである。

何故西部劇に出てくるのか。日本の時代劇でも決闘の場はあまり穏やかな背景ではないような気がする。常套であっても、やや荒れた雲の様を見せたり、さっと風が起こって草木がなびいたりする場を、映して見せたりする。

つまり、雰囲気作りの素材として恰好なものではなかったのだろうか。

調べてみたら、自生地はロシアのようで、穀物の種に混じってアメリカへ渡ったらしい。一八八七年にサウスダコタ州で外来雑草として報告されたのが最初だという。

それにしても、何故あのように転がるのか?

理由は自分で種を蒔くために(!)だという。何と賢いこと!

つまり、自分もそのように親に蒔かれ根を下ろした。そこで育ったものは成長して実を結ぶと、やがて枯れて根元から折れる。その後、乾燥するにつれて枝が丸まってきて風を待つ。風に乗ると親がしていたように、転がりながら自分も種を散らしてゆくのである。風散布植物といわれる所以である。

分類上はアカザ科オカヒジキ属になる。オカヒジキならスーパーの青物コーナーに置かれていることもある。野菜として栽培もされているのだろう。

東アジアに分布していて、日本での自生地には秋田、宮城、伊豆諸島、鳥取、鹿児島、沖縄などの海岸地帯が上げられている。そこから分かるように、海岸に生え、特に砂礫地を好むようである。が、そのどこでも絶滅危惧種、或いはそれに準ずる種になっている。同属ではあるがタンブルウイードの方は絶滅しそうもない。乾燥地や塩分を含む地を好むとのことで、砂漠だろうと荒野だろうと平気なのである。

昔の『荒野の決闘』時代には、その決闘場面や馬で駆け回るような場面で見られたものも、今では竜巻に巻き込まれたり、ハイウェイに出て車に衝突したり、色々なことがあるらしいのだが、それにも負けずというか、それを逆手にとって移動に移動を重ねているようなのである。

私の個人的願望としては、転がる様よりも、根の付いている、夏の緑の時を見てみたい。箒草のような……と想像してみるが、きっともっと猛々しいものなのだろう。

わたしの十句

春風やまだ草笛になれぬ草

小諸なる古城のほとり
緑なすはこべは萌えず

と始まる島崎藤村の詩に続くのは「歌哀し佐久の草笛」である。中学時代にこれを知り、新体詩の調べの心地よさに憧れてせっせと書き写していたことがあった。

三月下旬から四月。心地よい季節だ。木の芽、草の芽色々なものが動き始める。私が吹ける草笛とは、雀の鉄砲ぐらいのもので、それも単純にピーピーと音が出るというほどのこと。上手にメロディーを生み出す人がどれだけ羨ましかったことか。その雀の鉄砲にしても、出てきた穂を抜くだけなのに、どの位の時にこれを抜くかというタイミングがある。草の厚みや空気の入れ方など微妙なところに鳴るか鳴らないかの境があるのだろう。上手い人はその辺の木の葉をひょいとちぎって、フルフル〜…と音を出す。やってみたいなあ。

鎌の刃も菖蒲も雫してをりぬ

「端午の節句」に関わる句を十句作るというのが宿題だった。粽、柏餅、鯉幟等々あれこれと考えてみた。そして、菖蒲湯へと思いが巡ったとき、思い出したのが、実家の近くにあった池のことだ。その一隅に菖蒲が生えていて、毎年五月の節句になると、池の持ち主が一抱えずつ近所の家々へ配ってくれた。

切るところを見せて貰ったことがある。水の中へ鎌を入れて、根に近いところを、ザッと切る。引き上げると、根方はほんのりと桃色で強い匂いを放った。続けざまに鎌を入れると、菖蒲の匂いと池の匂いとが混じって、葉の切れ端が浮く水はきらきらと光るのだった。

「はい、持って帰りや」と渡された菖蒲は……正直なところ、あの匂いが苦手なものだから、家までが遠かったこと。まして、その夜のお風呂の厭なことといったらなかった。

椿が赤いぼくが火傷をさせたんだ

「船団」第84号の変身特集。全員何かに変身して短文を書き、一句を添えよ、という無茶ぶりである。

「僕の前に道はない／僕の後ろに道は出来る」と、そこまでの気負いはないけれど……でもどうだ。僕の通った後はすべすべの真っ平らだ。何と気持のいいことか。タンクに水は満ち満ちて、さあ、元気よく蒸気を吐いて、行くぞ、いざ！

今見返すとそんなことを書いていた。

正岡子規に、神様が花の色を決める時に云々といった文章があったが、本当にどうしてこの花はこの形になり、色になったのだろう？　と考えることがある。江戸時代にヨーロッパへ連れて行かれた椿は、きっと赤い藪椿だっただろう。それが改良を重ねられ、色も形も華やかになりカメリアという名になって戻ってきた。

美しいと思う。けれども、私が好きなのはやはり、赤い藪椿の花である。

黒豹に黒き豹紋下萌ゆる

目の前に黒豹がいた。日が当たっていた。艶々として美しかった。驚いた。

黒い肌に黒い紋が見えたからである。ちゃんと豹紋があるのだ。ゆったりと歩いて、静かに草の上に坐った。

この句、自分では発見だと思ったが、すでに先行句はあるだろう。悩んだ末に残すことに決めた。よく知っている人にとっては、それがどうしたの？　に終る句でもある。

旭山動物園でのことであった。北海道へは毎年でも行きたいと思うが、そう簡単なことではない。今までに三度訪れた。雄大な景色も、道路の広さも心地よかったが、何よりも大阪やその近郊に比べて花の発色が違うということがあった。そして、伸びやかに大きい。同じ花だと思いつつもとても新鮮だった。

美味しい物が沢山あることも、大きな魅力の一つである。

おとうとをトマト畑に忘れきし

トマト畑は、一畝とか二畝とかの、ささやかなものであっても、独特の匂いを放つ。

今は種類も栽培方法も多様になり、私の夏休みの記憶とともに甦るトマト畑とはずいぶん異なってきた。

母はトマトが苦手というか、食べられない人だった。特に、種の周りのゼリー状のところが駄目で、いつもあんなジュルジュルしたもの……と眉根を寄せて、さも嫌そうに見ていた。晩年には平気になって食べるようになっていたが。

重宝している物に水溶性の色鉛筆がある。輪郭を描き、この色鉛筆でざっと着色し、水を含ませた筆でぼかしてゆく。手抜き水彩画のようなものだが、夏見舞いの葉書に、これでトマトを描くことがある。蔕（へた）がポイント。ここを反らせて緑を濃く置くと、新鮮トマトの感じになる。拙句に「反り返るものにあなたとトマトの蔕」がある。あなたとは、もちろん「あなた」ですよ。

角館と読める消印桜どき

席題「角」からの発想。郵便が届いた時、消印を見るが、あのスタンプというもの、読めそうで読めないことが多い。切手にかかるように押してあるから、その切手に濃い色が使われていたり、複雑な柄が描かれていたりすると尚更である。角館とは彼の桜の名所として知られる秋田県角館町のこと（現在仙北市）。だから「桜どき」との季語を置くことには躊躇った。が、結局そのまま通してしまった。

矯めつ眇めつ封筒を見ている図、を想像してのことだった。

この頃は通信手段の変化もあり、旅先で絵葉書を書くことも貰うことも減ったが、先方が名前を書き忘れた時は本当に困る。筆跡に覚えがある人ばかりではない。旅行中であることを知っていることもまずない。富士山五合目です、と書いてこられても、返信しようがない。差出人の名は必要なものだ。

「消印の地をまだ知らず青葉騒」は最近の一句。

野の草へ露を配りに行くところ

　山の宿に泊まった。側に池があった。翌朝早く散歩に出た。遅くまで飲みながらの句会を楽しんでいたからだろう、誰も出て来ない。鳰（かいつぶり）が鳴いた。ピルルルルルル〜〜と玉をつないだ様に長く長く鳴く。

　足下を見ると、どの草も露の玉を光らせていた。明け方の冷え込みが露を結ばせたのだ。

　綺麗だなあ！　しゃがみこんで、その露の玉を見ていた。ふっとこの句が浮かんだ。ああ、俳句の神様有難う！　といったところだ。

　朝の句会に出したら「そんな忙しいことしてたん？　そりゃあ寝不足になるよ」とからかわれた。

　昔、七夕の朝の楽しみは芋の葉の露を集めることだった。軽く揺すると葉の窪みへ露滴が集まる。その露を集めて、零さないように持ち帰り硯へ移す。

　大きな葉の大きな露には、羽虫が浮いていたり、蟻が溺れていることもあった。

木の囲む家の来し方春の月

出雲大社界隈へ行った。何も調べずに出かけたら、出雲駅伝の開催日に当たっていて、誘導に従い、田圃の中の細い道を通ることになった。そこで目についたのが田の中に点在する家々の周りの木である。松の木らしく見えるが、およそ松らしからぬ姿である。防風林と思えるが、頂を角刈りよろしく揃えられていて、不思議な景色を作り出している。

数日後、タイミングよく新聞にその景色が載った。築地松（ついじまつ）と呼ばれるそうだ。黒松を家の西側から北側へ植えて強風から守るという。江戸時代からのことだとか。近年は松喰虫の被害に加え、この独特の刈り方のできる職人が減っているとか、島根県のこの地域では保存に頭を痛めているようだ。初案「家の履歴」だったが、履歴は違うのでは、との指摘で「来し方」に変えた。句会の場の有難さである。

秋の旅だったが春に、それも夜にしたのは私の気分。

狐火が言ひ寄つてゐる狐火に

狐火というものを一度だけ見たことがある。

秋祭に行った帰り、連れは五人。夕焼けが褪せてきて、微かな残照。稜線の木のシルエットがきれいでそれを見ながら急いでいた。その木の間にふっと青白い物が現れた。一つ、二つ、しばらくすると三つになった。

一緒にいた大人が「狐の火だ」と言った。確かに炎のような形をしてゆらめいている。するする〜と動いてくっついたかと思うと離れる。鬼ごっこでもして遊んでいるように見えた。後年「狐火の三つが仲の良さそうに」という句になった。さらに歳月が経ったが、思い出の中の狐火は消えない。あの、三つの火の関係は？　恋の鞘当てということはないだろうか、と思ってできたのが掲句だった。昭和三十年頃、まだ狐火や人魂の話を聞くことがあった時代のことだ。

まさか俳句をやるようになり、思い出が句になることがあるとは思ってもいなかった。

マフラーを投げればかかりさうな虹

琵琶湖の西を北へ向かっていた。さっと時雨がくる。行く手に虹が現れる。また時雨。また虹が。湖西道路は西側が山になる。風が出ると落葉が舞う。それはまさに落葉時雨という降り方。落葉と時雨と虹と、追いかけっこをしながら走っているようだった。ふと真横に小さい虹が現れたのに気づいた。道路の横に一枚の田。その中に虹が立っているのである。脚の両方ともがちゃんとその田の中に立っているのだ。その大きさだから、高さもない。目を凝らすと、脚のある所までしっかり見えた。光の粒がゆらゆらと集まっている感じだった。こんなことって……信じられない気持だった。虹の脚を訪ねて行く話など、色々と読んだこともあるけれど、こんなこともあるのだ。本当にマフラーを外して投げたら掛かるのではないかと、そう思えた。湖西は不思議なところだ。田の中から霞の元とでもいう様な気体が噴き出すのを見たこともある。

あとがき

遅い出発でしたが、それでも俳句を始めて三十年が経とうとしています。七十歳を機に一度振り返るのもいいかも知れないと考えていました。そんな時に、坪内稔典先生のお誘いを受け、このシリーズに参加することに致しました。俳句は『インコに肩を』（二〇〇九年）以後のもの。エッセーは「船団」「椋」「木の中」「今」等の俳誌に掲載のものを中心に纏めました。

お世話頂きました創風社出版・大早直美様をはじめ皆様に御礼を申し上げます。

二〇一七年　早春

ふけとしこ

著者略歴

ふけとしこ（本名 福家登志子）

1946年岡山県生。

1987年より作句。市村究一郎に師事。「カリヨン」入会。

カリヨン新人賞・カリヨン賞受賞。

1995年「鎌の刃」30句により第9回俳壇賞受賞。

句集『鎌の刃』『真鍮』『伝言』『インコに肩を』、句文集『ふけとしこ句集』、句文＋写真集『草遊び』、鑑賞集『究一郎俳句365日』、共著『女性俳句の世界』『現代俳句最前線』『なはとびに—鑑賞西野文代の俳句』他。

「ホタル通信」2000年より3年間発行の後、2012年より葉書による個人誌「ほたる通信II」を発行中。

現在、「船団の会」「椋」所属。

「草を知る会」代表。

現住所　大阪市中央区西心斎橋2-6-11

俳句とエッセー　ヨットと横顔

2017年2月5日発行　　定価＊本体1400円＋税
著　者　　ふけとしこ
発行者　　大早　友章
発行所　　創風社出版
〒791-8068 愛媛県松山市みどりヶ丘９－８
TEL.089-953-3153 FAX.089-953-3103
振替 01630-7-14660 http://www.soufusha.jp/
印刷　㈱松栄印刷所　　製本　㈱永木製本

 ISBN 978-4-86037-236-1